विश्वनाथ त्रिपाठी

विश्वनाथ त्रिपाठी का जन्म 16 फरवरी, 1931 को उत्तर प्रदेश के जिला बस्ती (अब सिद्धार्थनगर) के बिस्कोहर गाँव में हुआ। आरम्भिक शिक्षा पहले गाँव में, फिर बलरामपुर कस्बे में। उच्च शिक्षा कानपुर और वाराणसी में। पंजाब विश्वविद्यालय, चंडीगढ़ से पी-एच.डी.।

उनकी प्रकाशित कृतियाँ हैं—प्रारम्भिक अवधी, हिन्दी आलोचना, हिन्दी साहित्य का संक्षिप्त इतिहास, लोकवादी तुलसीदास, मीरा का काव्य, हरिशंकर परसाई : देश के इस दौर में, पेड़ का हाथ (इतिहास-आलोचना); जैसा कह सका (कविता-संकलन); नंगातलाई का गाँव, बिसनाथ का बलरामपुर (स्मृति-आख्यान); व्योमकेश दरवेश (आचार्य हजारीप्रसाद द्विवेदी का पुण्य स्मरण), गुरुजी की खेती-बारी (संस्मरण)। उन्होंने आचार्य हजारीप्रसाद द्विवेदी के साथ अद्दहमाण (अब्दुल रहमान) के अपभ्रंश काव्य सन्देश रासक का सम्पादन किया। कविताएँ 1963, कविताएँ 1964, कविताएँ 1965 (तीनों अजित कुमार के साथ), हिन्दी के प्रहरी : रामविलास शर्मा (अरुण प्रकाश के साथ) का भी सम्पादन किया।

उन्हें मूर्तिदेवी सम्मान, व्यास सम्मान, आकाशदीप सम्मान, सोवियत लैंड नेहरू पुरस्कार, शलाका सम्मान, भारत भारती पुरस्कार, राष्ट्रीय मैथिलीशरण गुप्त सम्मान, राजकमल प्रकाशन सृजनात्मक गद्य सम्मान, शमशेर सम्मान, गोकुलचन्द्र शुक्ल आलोचना पुरस्कार, डॉ. रामविलास शर्मा सम्मान, हिन्दी अकादमी के साहित्यकार सम्मान आदि से सम्मानित किया गया है।

सम्पर्क : बी-5, एफ-2, दिलशाद गार्डन, दिल्ली-45

गुरुजी की खेती-बारी

विश्वनाथ त्रिपाठी

राजकमल पेपरबैक्स

पहला पुस्तकालय संस्करण
राजकमल प्रकाशन प्राइवेट लिमिटेड द्वारा
2015 में प्रकाशित

राजकमल पेपरबैक्स में
पहला संस्करण : 2015
तीसरा संस्करण : 2026

राजकमल पेपरबैक्स : उत्कृष्ट साहित्य के जनसुलभ संस्करण

राजकमल प्रकाशन प्रा.लि.
1-बी, नेताजी सुभाष मार्ग, दरियागंज
नई दिल्ली-110 002
द्वारा प्रकाशित

शाखाएँ : अशोक राजपथ, साइंस कॉलेज के सामने, पटना-800 006
पहली मंजिल, दरबारी बिल्डिंग, महात्मा गांधी मार्ग, प्रयागराज-211 001
1, अनमोल सोराबजी सन्तुक लेन, धोबी तलाव, मरीन लाइंस, मुम्बई-400 002
वेबसाइट : www.rajkamalprakashan.com
ई-मेल : info@rajkamalprakashan.com

बी.के. ऑफसेट
नवीन शाहदरा, दिल्ली-110 032
द्वारा मुद्रित

मूल्य : ₹ 250

GURUJI KI KHETI-BARI
Memoirs by Vishwanath Tripathi

ISBN : 978-81-267-2714-8

डॉ. नगेन्द्र की स्मृति को
जिनके कारण मुझे दिल्ली का
अन्न-जल मिला।

पूर्व-कथन

15 नवम्बर, 1958 को देवीसिंह बिष्ट महाविद्यालय नैनीताल में अध्यापक नियुक्त हुआ। 8 अक्तूबर, 1959 को किरोड़ीमल कॉलेज दिल्ली में, तब से दिल्ली में हूँ। 1996 में सेवानिवृत्त हुआ। इस बीच लगभग चालीस वर्षों के अध्यापकीय जीवन में बहुत कुछ ऊँचा-नीचा घटा। याद करता हूँ तो बादल से चले आते हैं मज़मूँ मेरे आगे। जितने याद आते हैं, उनसे कहीं ज्यादा संख्या न याद आने वालों की होगी। लेकिन न याद आने वाले छात्र भी पता नहीं किस तौर पर एक अजीब-अबूझ तौर पर अन्तश्चेतना में व्याप्त हैं। वे इतने आत्मीय हैं कि मेरी आत्मीयता के अनुभव का आस्वाद हैं। जिन छात्र-छात्राओं के बारे में लिखा है—वे किसी न किसी रूप में असामान्य थे—अन्य छात्र-छात्राओं की तुलना में अधिक निकट रहे हों मेरे, ऐसा नहीं है। सच्ची बात तो यह है कि जो अधिक निकट थे, उनके बारे में लिखने का प्रसंग ही नहीं जुटा।

यह लिखना, बन्धुवर विष्णु नागर के कारण सम्भव हुआ। वे तब कादम्बिनी के सम्पादक थे। मैं उनके लेखकीय और सम्पादकीय रूप को पसन्द करता रहा हूँ, सो उनके अनुरोध को टाल नहीं सकता था। उन्होंने मुझसे यह सब लिखवा लिया। श्रीमती मृणाल पांडे तब पत्रिका की प्रधान सम्पादक थीं। वे प्रोत्साहित करती थीं। इन संस्मरणों के प्रकाशन के अवसर पर इनके प्रति हार्दिक आभार और कृतज्ञता प्रकट करता हूँ।

—विश्वनाथ त्रिपाठी

विजयादशमी
3.10.2014

अनुक्रम

गुरुजी की खेती-बारी

शिष्यों से पहले गुरु-वन्दना

अपने शिष्यों के बारे में लिखने से पूर्व अपने आदि-गुरु रच्छा राम पंडित का स्मरण करता हूँ। वह बिस्कोहर के गयाप्रसाद शिवाला पाठशाला में मास्टर थे। रहते थे बिस्कोहर से एक किलोमीटर की दूरी पर, फूलपुर नामक गाँव में। गयाप्रसाद शिवाला बिस्कोहर के दिवंगत सेठ गयाप्रसाद की बनवाई हुई इमारत थी। चारों तरफ से ऊँची दीवार, बीच में शंकरजी का मन्दिर, एक बड़ा अहाता, कुआँ। मन्दिर के सामने अहाते में ही विशाल बरगद का वृक्ष। इमारत में ही पूर्वी छोर पर एक बहुत बड़ा बरामदा। पाठशाला उसी बरामदे में लगती थी। पंडित रच्छा राम दुबले-पतले, साँवले रंग और मझोले कद के अधेड़ ब्राह्मण थे। बहुत पढ़े-लिखे नहीं थे लेकिन ब्राह्मण थे इसलिए शिवाला के किसी दुकानदार मैनेजर ने उन्हें मास्टरी दे दी थी। वेतन नहीं मिलता था। पंडित रच्छा राम पूजा-पाठ भी नहीं करते थे। कथा-भागवत भी नहीं बाँच सकते थे लेकिन दान-दक्षिणा मिलती थी। पर्व, त्योहार, उत्सव पर बिस्कोहर के वे लोग पंडितजी को भोजन करा देते थे या सीधा पहुँचा देते थे जिनके बच्चे पाठशाला में पढ़ते थे।

पाठशाला में किसी ने मेरा नाम नहीं लिखाया था। वहाँ न कोई रजिस्टर था, न कोई फीस ली जाती थी, न कोई पाठ्यक्रम था। परीक्षा भी नहीं होती थी। जो बच्चे आते, उनकी पढ़ाई होती थी। पिटाई भी होती थी। मुझे अच्छी तरह याद है कि एक बच्चे के पैरों पर पंडितजी रस्सी से मार रहे थे। रस्सी मोटी थी। चोट शर्तिया लगती रही होगी। मैं स्कूल में यों ही अपने पड़ोसी और उम्र में कुछ बड़े शिव प्रसाद और उम्र में शिव प्रसाद से छोटे उनके चाचा जमना प्रसाद के साथ पाठशाला में चला गया था। देखा कि उन दोनों के पास काठ की पट्टी है। बस्ता है। ये उनको जतन से सेम

के पत्तों के रस से माँजते हैं। काँच की टूटी हुई चूड़ी से घोंटारते हैं। रगड़कर पट्टी को चमकाने की क्रिया को घोंटारना कहते हैं। सेम के पत्ते का रस काठ की तख्ती पर लगाइए। सूख जाए फिर घोंटारिए तो काठ की पट्टी चमकने लगती है ऐसे कि आप उसमें मुँह देख सकते हैं। स्कूल से लौटते समय काठ की पट्टी से बच्चे मार-पीट भी करते, उससे खेल में बैट का भी काम लेते, उससे गेंद भी खेली जाती। गाँव में गेंद कपड़े की या काठ की होती थी। ईंट के किसी टुकड़े को भी गेंद मान लिया जाता था। शिव प्रसाद और जमना प्रसाद घर पर अपनी-अपनी पट्टी मनोयोग से सँवारते, घोंटारते और दवात में खड़िया मिट्टी डालते, फिर पानी डालकर और फिर कलम को मथानी बनाकर तन्मयता से बिलोते, साथ में कविता पढ़ते, 'खड़िया मिट्टी, खड़िया मिट्टी चमक जाए, चमक जाए।' मैं इस पढ़ाई-क्रीड़ा में शामिल होने के लिए तरसता रहता। शिव प्रसाद उम्र में मुझसे बड़े थे। जमना प्रसाद एक ही साल बड़े थे सो समवयस्क थे। मैंने प्रार्थना की, "जमना, हमको भी गयाप्रसाद शिवाला ले चलो।" एक दिन सवेरे उनके साथ चला गया। सात-आठ दिन जाता रहा। सवेरे जाता, दोपहर को उन्हीं के साथ लौटता। पाठशाला में कोई यूनीफार्म नहीं थी, शिव प्रसाद और जमना खाते-पीते दुकानदार के लड़के थे। वे धोती-कमीज और टोपी पहनते थे। पैर में किरमिज का जूता। उनके कान छिदे हुए थे और दोनों कानों में सोने की लुरकी पहने रहते थे। मैं कमीज और भगुई या हाफ पैंट। भगुई घुटने के ऊपर की छोटी धोती होती है जो आगे और पीछे के गुप्तांगों को छिपाने के लिए ही पहनी जाती थी। जूते-चप्पल मेरे पास नहीं होते थे। लौटते समय धूप में धूल बहुत गरम हो जाती थी। शिव प्रसाद और जमना आराम से चलते और मैं दौड़ता हुआ आता। आज सोचने पर लगता है कि धूल में पाँव जलने से तकलीफ होती रही होगी लेकिन उस समय की मन:स्थिति याद करता हूँ तो तेज धूप में दौड़ते हुए घर लौटना खेल का सुख ज्यादा लगता था, कष्ट कम।

सात-आठ दिन पाठशाला जाने के बाद एक दिन दोपहर लौटा तो पिताजी भोजन कर रहे थे। पूछा, "कहाँ गए थे?" मैंने तड़ाक से जवाब दिया, "गयाप्रसाद शिवाला में पढ़ने।" पिताजी ने थाली में देखते हुए और दाल-भात सानते हुए पूछा, "क्या पढ़ा?" मैंने गीत की रपटीली लय में बताया, "या रा ला वा सा खा सा हा छ त्र ग्यां।" य से शुरू किया, ग्यां पर ठहरा। पढ़ाई झूम-झूमकर गाने की लय में होती थी। जिस तरह पाठशाला में प्रार्थना होती थी—'वो शक्ति हमें दो दयानिधे कर्तव्य मार्ग पर डट जावें,' उसी तरह जो पढ़ाई गाई जाती थी उसमें मुझे सिर्फ 'या रा ला वा सा खा सा हा छ त्र ग्यां' ही याद रह गया था। पिताजी से मैं डरता था, उनके सामने बोल नहीं पाता था लेकिन उस समय पाठशाला में पढ़ाई करने का आन्तरिक तेज आ गया था, सो पिताजी के सामने साफ कहा, "या रा ला वा सा खा सा हा छ त्र ग्यां।"

पिताजी ने भोजन करते-करते ही कहा, ''एक-एक अक्षर साफ-साफ बोलो।'' मैं समझ ही नहीं पाया कि पिताजी क्या कह रहे हैं और मुझे क्या करना चाहिए? मैंने हिम्मत जुटाकर कहा, ''साफ-साफ बोल तो रहा हूँ, या रा ला वा सा खा सा हा छ त्र ग्यां।'' पिताजी हँसने लगे। मार्मिक आघात तो तब लगा जब देखा कि अम्माँ भी हँस रही हैं। मैं अपनी गलती समझ ही नहीं पाया। हतप्रभ हुआ लेकिन गयाप्रसाद शिवाला जाना चालू रखा।

मुझे दो विद्यार्थियों की बहुत अच्छी तरह याद है। एक तो लड़की थी, उसका नाम भी याद है—सुन्दरी। वह पाठशाला के पास के ही एक दुकानदार की लड़की थी। उसका भाई रामसमुझ भी हमारे साथ पढ़ता था। सुन्दरी पढ़ने में बहुत तेज थी। वह सभी प्रश्नों का ठीक उत्तर देती। अंक गणित में खासतौर पर तेज थी। साड़ी पहन करके आती। गाँव में बच्चियाँ भी साड़ी पहनती थीं। वह रौब से रहती। उसकी हैसियत मानीटर-जैसी थी। पंडितजी जब थोड़ी देर के लिए कहीं चले जाते तो उसी को 'देखते रहने' का अधिकार दे जाते। पंडितजी लौटते तो कभी-कभी सुन्दरी कुछ लड़कों की शिकायत भी करती। पंडितजी उन लड़कों की पिटाई करते। उस समय मेरे सामनेवाले दूध के दो दाँत टूट गए थे। सामने के दाँत टूटे हुए बच्चे को 'खोड़हा' कहा जाता था। वह मुझे 'खोड़हा' कहती और मुँह के आगे दो उँगलियाँ खड़ी करके मुझे बिराती। पंडितजी उसे मानते थे इसलिए उसकी शिकायत करने की हिम्मत नहीं पड़ती। उसके घर प्रायः पंडितजो का निमंत्रण होता रहता। वह पंडितजी के लिए कभी अपनी दुकान से गरी-छुहारा भी लाती लेकिन जमना प्रसाद ने मुझे सारा रहस्य समझाया। मुझे सांत्वना देते हुए और डराते हुए कहा, ''किसी से न कहो तो बताएँ,'' तीन तिरबाचा देकर बताया, ''सुन्दरी जादू जानती है। इसकी अम्माँ के पास जिन्न आता है। यह जिन्न से अशर्फी मँगवाती है। देखना, जो इससे शादी करेगा, वह मर जाएगा। जिन्न उसको जिन्दा नहीं रहने देगा।'' जमना प्रसाद गोटेवाली गोल टोपी पहनते थे। हम सब उनको समझदार मानते थे। उन्होंने जीवन की अनेक बातें हम सबको बताईं, समझाईं। जानकारी देने के बाद वे हर बार कहते, ''तुम्हें पता का है?'' सच्ची बात यह है कि सुन्दरी से वे भी डरते थे। हमको समझाते, ''सुन्दरी की शिकायत पंडितजी से मत करना, नहीं तो पंडितजी से कहकर वह हम सबको चटनी-रोटी खिलाएगी।'' पिटवाने को चटनी-रोटी कहते थे।

दूसरे लड़के का नाम श्रीराम था। उस समय बिस्कोहर के सबसे बड़े कपड़ा दुकानदार सरजू प्रसाद का वह लड़का था। उसके बड़े भाई का नाम सीताराम था। सीताराम दुबला-पतला था। दुकान पर बैठता था और बोलने में मिनमिनाता था। मिनमिनाता थोड़ा-बहुत श्रीराम भी था लेकिन क्लास में सबसे साफ-सुथरे कपड़े पहनकर आता। वह साफ धोती, साफ कमीज और इस्तरी की हुई टोपी पहनकर आता। कभी-कभी चमकदार चमड़े के जूते भी पहनकर आता। हमें लगता कि

उसके कपड़ों से खुशबू आ रही है। हम कल्पना करते कि वह घर से क्या-क्या खाकर आता होगा? 1937-38 में उसके घर से कभी-कभी चाय बनकर आती। तब तक शायद ही क्लास के किसी लड़के ने चाय चखी हो। हम लोग बहुत प्रभावित और आतंकित होते। लोगों ने सोचा कि गयाप्रसाद शिवाला को कुछ सरकारी मदद भी मिल जाया करे तो अच्छा हो। इसके लिए सरकारी स्कूलों के इंस्पेक्टरों को पाठशाला का मुआयना करने के लिए राजी कर लिया गया। इंस्पेक्टर नाम के आगे टंडन लिखता था। हमारे गाँव-जवार में कोई टंडन नहीं था। पंडित रच्छा राम ने श्रीराम से कहा, ''इंस्पेक्टर पूछे तो अपना नाम बताना—श्रीराम टंडन।''

मैं पाठशाला में ज्यादा दिन नहीं रहा। मेरे पिताजी पर पुलिस ने एक केस कर दिया। वह डर के मारे अपने काका बिन्दा तिवारी के पास शोहरतगढ़ चले गए। मुझे भी अपने साथ लेते गए। मेरी पढ़ाई रुक गई। पंडित रच्छा राम ने मुझे कभी नहीं मारा। एक बार मैं बीमार पड़ गया। दो-तीन दिन तक स्कूल नहीं गया। चौथे या पाँचवें दिन पंडित रच्छा राम मेरे घर आए और अगले दिन मेरे घर आकर मुझे अपने साथ स्कूल ले गए। मुझे अच्छी तरह याद है कि पाठशाला में एक ऐसी किताब थी जिसमें गामा और जिबिस्को की कुश्ती का विवरण था। गामा फोटो में अपने हाथ में गदा लिये थे, जिबिस्को शान्त था। पंडित रच्छा राम जिबिस्को की फोटो की तारीफ करते कि 'कितना शान्त है?' पंडित रच्छा राम ने हमें तुलसीदास का शरद वर्णन पढ़ाया था, 'बरसा बिगत शरद ऋतु आई, देखहु लछिमन परम सुहाई।' तुलसीदास का शरद वर्णन मेरे चित्त में अभी भी अंकित है और पंडित रच्छा राम का गुरु व्यक्तित्व भी। चलते समय वह हाथ में एक छड़ी लिये रहते थे। मारने के लिए कम, यह बताने के लिए ज्यादा कि वह गयाप्रसाद शिवाला में मास्टर हैं।

[जून, 2007]

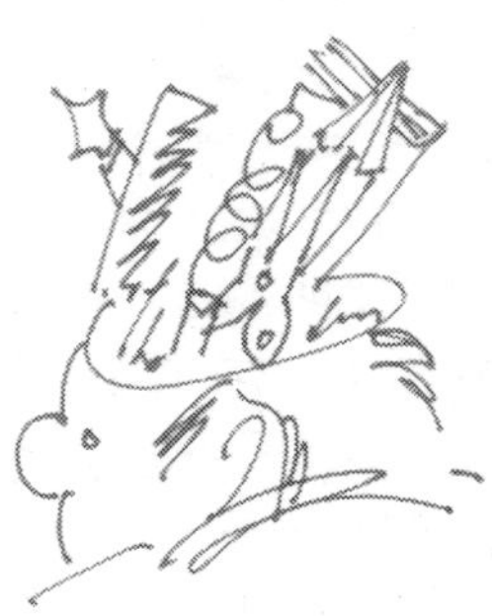

पिटते-पिटते बचे 'गुरुजी'

छोटा भाई शेरसिंह (चन्द्रकलाधारी त्रिपाठी) मेरा पहला शिष्य था। मैं पढ़ाकू माना जाने लगा था और वह खिलाड़ी। वह आठ वर्ष का और मैं दस या साढ़े दस का। दादा (पिताजी) ने कहा, ''इसे घंटा, दो घंटा पढ़ा दिया करो, बदमाश होता जा रहा है।'' मैंने इस जिम्मेदारी के निर्वाह को सगर्व शिरोधार्य किया। स्कूली छात्र का सबसे बड़ा स्वप्न मास्टर साहब बनने का होता है। क्लास में मानीटर का रुतबा 'कमांडर इन चीफ' का होता है। मैंने तैयारी की, बाँस की एक कैनी (पतली टहनी) काट ली। मास्टर माने छड़ीवाला व्यक्ति। छोटे भाई से कहा, ''नहा-धोकर तैयार हो जाओ।। बिना नहाए-धोए मेरे पास पढ़ने मत आना।'' भाई पिता का आदेश सुनकर ही सहम गया था। सवेरे-सवेरे उठा। नहाया-धोया। अम्माँ से बाल में कंघी करवाकर, आँखों में काजल लगवाकर स्लेट-पेन्सिल लेकर, मेरे पास आ गया। पालथी मारकर बैठा। मैंने मास्टरोचित मुद्रा में डाँटकर कहा, ''ऐसे सवाल लगाया जाता है, पालथी मारकर? बायाँ पैर मोड़कर दाएँ घुटने पर स्लेट रखकर बैठो।'' उसने कहा, ''बड़का बाबू! ऐसे कैसे डाँट रहे हो?'' मैंने तेजी से कहा, ''इस समय हम तुम्हारे गुरुजी हैं, समझे? ठीक से कहना मानो नहीं तो यह छड़ी देख रहे हो?'' उसने मुझे सशंक देखा और बोला, ''तब सवाल देव न।''

मैंने जान-बूझकर गुणा-भाग का एक कठिन सवाल उसे दे दिया। सवाल देने का मतलब यह कि अपने हाथ से सवाल उसकी स्लेट पर पेन्सिल से लिख दिया। स्लेट पर चलनेवाली स्लेटी को भी हमारे गाँव में पेन्सिल ही कहते हैं। तख्ता-स्याह पर खड़िया मिट्टी से लिखा जाता था और स्लेट पर पेन्सिल से। उसने सवाल पढ़कर समझ लिया कि मुश्किल है। अब उसके चेहरे से यह साफ लगता था कि

बड़का बाबू हमको तंग करेंगे और अपनी पूरी मास्टरी दिखाएँगे। उसने बेमन से किसी तरह सवाल लगाना शुरू किया। मैं यद्यपि मास्टरी मुद्रा में गम्भीर बैठा था लेकिन ताड़ भी रहा था कि वह क्या कर रहा है। मुझे लगा कि वह थोड़ी देर बाद गम्भीरतापूर्वक सवाल लगाने में तन्मय हो गया। मुझे उससे निराशा-सी हुई। शिष्य सवाल सही लगा दे तो मास्टरी निरर्थक है खासतौर पर नये मास्टर की।

करीब आधे घंटे के बाद मैंने डाँट के पूछा, "लगा पाए कि नहीं? एतना देर एक सवाल में लगाओगे तो आगे कैसे बढ़ोगे? दूसरा सवाल कब करोगे?"

शेरसिंह ने हिचकते हुए स्लेट मेरी ओर बढ़ा दी। मैंने ठीक अनुभवी मास्टर की मुद्रा में जाँचना शुरू किया। एक-एक अंक को गहराई से इस आशा के साथ कि गलती तो मिलेगी ही और आज बच्चू को मेरे महत्त्व का पता चलेगा। अम्माँ इसको अपने पास सुलाती हैं। मैं अलग सोता हूँ। इसका बुकवा-उबटन मुझसे पहले होता है। इसकी हर जिद पूरी की जाती है। मेरे बाएँ हाथ में कितने जोर से काटा था इसने? अभी तक निशान बना है। अम्माँ ननिहाल जाती हैं तो इसे ले जाती हैं, मुझे पढ़ाई के लिए दादा के पास छोड़ जाती हैं। एक-एक करके सभी अत्याचार याद आ रहे थे लेकिन दूर तक कोई गलती नहीं मिली कि अचानक एक गलती मिली, सवाल का जवाब गलत था। मैंने बाँस की कैनी छपाक से उसकी पीठ पर जड़ी। वह दर्द से उछल पड़ा। आँखें छलछला आईं। बोला कुछ नहीं। मास्टर का रौब था। कोई और मौका होता तो मुझे ठीक कर देता। पढ़ने-लिखने के मामले में उसकी शिकायतें पहले ही घर में मिलती थीं। गाँव के कई लोग उसको बहकाकर उपद्रव कराते। शिकायत उसकी होती। पहले वह स्कूल जाने से घबराता। स्कूल जाने के बारे में कहता, "बड़का बाबू तो पढ़ी रहे हैं। हम भी पढ़ेंगे तो खेती कौन करेगा?" दादा ने जबर्दस्ती स्कूल भेजा तो उसने ऐसी हरकत की कि उसकी पिटाई हुई।

किसी ने उसको समझा दिया कि मास्टर साहब के पृष्ठांग में चिकोटी काटकर भाग आओ तो स्कूल से छुट्टी मिल जाएगी। शेरसिंह ने चेष्टा की, पिटाई हुई और शिकायत भी। तो, वे पढ़ने-लिखने के मामले में नहीं चाहते थे कि अम्माँ-दादा के पास कोई शिकायत पहुँचे।

छड़ी की मार से छलछलाती आँखोंवाले, दर्द सहते शेरसिंह कुछ बोले नहीं। मैंने उत्साहित होकर उसका लिखा हुआ पूरा-का-पूरा हाथ से पोंछ दिया। एक कैनी पीठ पर और कसी और कहा, "फिर से लगाओ।" उसका चेहरा लाल था। दाहिने हाथ से पीठ सहला रहा था। बोला, "तू पूरा काहे मिटा दिया? जेतना गलत था, काट देते। जो ठीक था, उसे भी क्यों मिटाया?"

मैं उसके स्वर को पहचानता था। पूरा जिद्दी था। अड़ने पर न मानता था, न झुकता था। अम्माँ उसी की तरफदारी करती थीं लेकिन मुझे ध्यान आया कि मैं तो मास्टर हूँ। इतनी बड़ी तौहीन करे लड़का? मैंने गुस्से में—गुस्सा कम, रौब ज्यादा—दो और कसे।

तीसरी बार हाथ उठाया तो उसने हाथ पकड़ के कैनी हाथ से छीन ली। अब आँसू छलछलाने वाली बात नहीं थी। हिचक-हिचककर रो रहा था, कैनी उठाकर रोते हुए ही बोला, "अब्बै हम एक ठो जमा दें तो कैसन लागी ?" तब तक अम्माँ आ गईं। मुझसे बोलीं, "तुहका पढ़ावै को कहा था कि इसकी चमड़ी उधेड़ने को ? पीठ से खून छलछला रहा है। आने दो अपने दादा को। तुम्हारी मास्टरी ठीक करवाती हूँ।"

अब मैं रोने लगा। दादा ने डाँटा नहीं, मुस्कुराते हुए यह जरूर कहा, "बूड़ि गयो। रोवत काहे हौ, ऐसेइ मास्टरी करोगे ?"

यह मास्टरी का पहला अनुभव था। दूसरा अनुभव हुआ काशी विश्वविद्यालय में। 1953 में प्रवेश लिया हिन्दी से एम.ए. करने के लिए। आचार्य हजारी प्रसाद द्विवेदी ने मेरी असहायता और अभावग्रस्तता देखकर सलाह दी कि कोई ट्यूशन कर लो। मैंने कहा, "किसी को जानता नहीं। बनारस में नया हूँ, कहाँ ट्यूशन खोजूँ ?" पंडितजी ने कहा, "आओ! तुम मेरे दोनों छोटे लड़के—लालजी और गिप्पी को पढ़ाया करो।" मैं परम उल्लसित। डूबते को तिनके का नहीं, नाव का सहारा मिला। उल्लास का बड़ा कारण था कि पंडितजी के यहाँ रोज का आना-जाना हो जाएगा। दूसरा कारण आध्यात्मिक से ज्यादा भौतिक था। माताजी डाँटती-डपटती थीं कभी-कभी लेकिन खिलाती-पिलाती रोज थीं। भोजन बहुत स्वादिष्ट बनाती थीं। चाय भी ऐसी कि उसमें दूध का एक खास तरह का सोंधापन आता था। शायद दूध को निश्चित मात्रा में खौलाने से ऐसा सोंधापन आता था।

लालजी का वास्तविक नाम मुकुन्द था और गिप्पी का सिद्धार्थ। सिद्धार्थ वय में छोटे, ज्यादातर हाफ पैंट में ही रहते थे। रात को बहुत जल्दी सो जाते थे इसलिए छह बजे तक मैं पहुँच जाता था। लालजी का व्यक्तित्व विशिष्ट था। वे विक्रम सं. 2000 में पैदा हुए थे। उसी वर्ष पंडितजी की पुस्तक 'कबीर' प्रकाशित हुई थी। पंडितजी को इनका नामकरण क्या हो, इसे लेकर दुविधा हुई। विक्रमादित्य नाम रखा जाए या कबीर ? खैर, मामला मुकुन्द पर ठहरा। बाद में उद्घाटित हुआ कि विभाग के अन्य यशस्वी आचार्य पंडित विश्वनाथ प्रसाद मिश्र का कविनाम 'मुकुन्द' था।

पंडितजी का आवास बहुत दिनों तक मैं पहचान नहीं पाया क्योंकि उस पंक्ति के सभी मकान एक-जैसे थे। पहचान यों हुई कि लालजी को कुत्ते पालने का शौक था। घर के सामने कोई कुत्ता सोया रहता और लगभग आधा सेर भात पड़ा रहता, उसके खाने के लिए। अक्सर घर के सामने लालजी कुत्ते को भात खिलाते मिलते। लालजी की दूसरी खास बात यह थी कि उन्हें अगर कोई मारने की धमकी दे या हल्के से भी मार दे तो वह इतनी जोर से चीख-चिल्लाकर रोते थे कि मानो उन पर कम-से-कम पाँच लाठी का वार हुआ हो! जब वह ऐसा रोते तो पंडितजी उन्हें और जोर से डाँटते। मैं समझ नहीं पाता कि इतनी जोर से लालजी को मारा है किसी ने तो ऊपर से पंडितजी डाँट क्यों रहे हैं ?

खैर, साहब! पढ़ाई शुरू हुई। गिप्पी तो अक्सर बताते कि आज घर में बना क्या है। मैं उस समय फटीचर था लेकिन उसके लिए कभी-कभी टॉफी ले जाता। मेरा मन उसे गोद में लेकर खिलाने को करता, पढ़ाने को नहीं। वह नर्सरी क्लास में रहा होगा। उसकी पुस्तक में रंग-बिरंगे चित्र बने रहते। गिप्पी से घर की बातों का पता चलता। एक दिन गया तो चारों ओर सन्नाटा। लालजी यह कहकर चले गए, ''मास्टर साहब, आज पढ़ाई नहीं होगी। माँ बीमार हैं।'' बबुआ निकले। मैंने पूछा, ''माताजी की तबीयत खराब है ?'' बबुआ मुस्कुराए तो, पर बोले नहीं। मैं कुछ समझ नहीं पाया।

जब बबुआ भी चले गए तो हम और गिप्पी रह गए। गिप्पी ने धीमे से फुसफुसाते हुए कहा, ''मास्टर साहब, माँ को बच्चा पैदा हुआ है।'' वाक्य पूरा हो नहीं पाया कि अन्दर से तीनों बहनों की सम्मिलित आवाज आई, ''कहि देहलिस, कहि देहलिस...'' (कह दिया, कह दिया)। पाँच मिनट बाद दो लड्डू सबसे छोटी लड़की ने सामने रख दिए।

आपने समझ लिया होगा कि पढ़ाई-लिखाई कैसी होती थी ? कभी-कभी यानी आए दिन पंडितजी मेरे शिष्यों से कहते, ''आज तुम्हारे गुरुजी को मैं पढ़ाऊँगा,'' और किसी विषय पर बात करने में तन्मय हो जाते। लालजी अपने को शिष्य की भूमिका में उतार ही नहीं पाते थे। पढ़ाई शुरू होते ही अपनी पराक्रम-कथाएँ सुनाने लगते। मैं कभी-कभी उनके कान पकड़कर खींचता तो उनको बहुत बुरा लगता लेकिन अपनी आदत के अनुसार वह मानापमान से परे यानी ऊपर थे। एक दिन मैंने कान ज्यादा कड़ाई से खींचा होगा। बोले, ''मास्टर साहब, आप मुझे जानते नहीं हैं तभी आप मेरे कान खींचते हैं। स्कूल में मेरे कई पक्के दोस्त हैं। वे एक नम्बर के दादा हैं। मैं किसी दिन उनसे आपको पिटवाऊँगा। देख लीजिएगा।''

मैं सहम गया। मन में आया कि पंडितजी से कह दूँ लेकिन डर के मारे उनसे कह भी नहीं सकता था। एक दिन सात-साढ़े सात बजे के वक्त जब मैं लालजी को पढ़ाने की कोशिश कर रहा था और हस्बेमामूल मेरे अनन्य शिष्य लालजी अपनी पराक्रम-कथाएँ सुना रहे थे, अन्दर के कमरे की बत्ती बुझ गई। पंडितजी बिजली बुझाकर उनकी कथाएँ सुन रहे थे। तीन मिनट बाद पंडितजी की जोरदार आवाज सुनाई पड़ी, ''लालजी!'' और उनके गालों पर दो थप्पड़ पड़े। लालजी यथावत् चीखे, मानो पाँच लाठी पड़ी हों! पंडितजी के जाते ही आँसू पोंछकर बोले, ''बाबूजी मुझे सबसे ज्यादा प्यार करते हैं। यह न समझिएगा कि मुझ पर वो सचमुच नाराज हैं।''

गिप्पी ने पंडितजी को बता दिया था कि लालजी भइया मास्टर साहब को धमकाते हैं।

[जुलाई, 2007]

वह छात्र शरारती भी था और शरीफ भी

अध्यापन की पहली नौकरी मुझे डी.एस.बी. गवर्नमेंट कॉलेज (देवीसिंह बिष्ट कॉलेज) नैनीताल में मिली। प्रिंसिपल के.एन. श्रीवास्तव काशी के पढ़े थे। उन्होंने द्विवेदीजी से कोई योग्य व्यक्ति अध्यापन के लिए माँगा। मेरी शादी हो चुकी थी, रिसर्च कर रहा था। पंडितजी ने चिट्ठी देकर भेज दिया। सर्टिफिकेट का मेरा नाम विश्वनाथ प्रसाद था। प्रिंसिपल ने सोचा होगा, कायस्थ लड़का है, उत्साह से नौकरी पर रख लिया। खुद द्विवेदीजी तब तक मुझे कायस्थ समझते थे। मैं यज्ञोपवीत के बावजूद जनेऊ नहीं पहनता था। छोटे कद का दुबला-पतला था।

काठगोदाम से नैनीताल के रास्ते का बयान करूँ तो बाकी सब धरा रह जाएगा। इतने सुन्दर दृश्य मैंने पहले कभी नहीं देखे थे। बात 1958 के चौदह नवम्बर की है। जो दिखलाई पड़ रहा था, वह सपना लग रहा था लेकिन इतना सुन्दर सपना भी मैंने कभी नहीं देखा था। वह सामने साक्षात् था। पर्वत मालाएँ, निर्झर, वनस्पतियाँ, उनकी गन्ध, शान्त-मनोरम दिगन्त, इतना निकट, प्रसन्न, निर्मल आकाश, अपने ही देश में ऐसे अपरिचित लोग, उनकी वेशभूषा, चाल-ढाल और आँखों को बाँध लेनेवाला सौन्दर्य। ताल जितना सुन्दर, कॉलेज जाने के लिए चढ़ाई उतनी ही मुश्किल। उम्र 27 की थी लेकिन लगता, 22-23 का रहा होऊँगा। प्रिंसिपल लम्बे, काले थे। इतने काले कि लोग कहते थे कि काला जूता पहनते हैं तो नंगे पाँव लगते हैं। कॉलेज पर दबंगई अनुशासन—'पत्ता तक हिलता नहीं, खिले न कोई फूल।'

मैं आचार्य हजारी प्रसाद द्विवेदी, पं विश्वनाथ प्रसाद मिश्र का कक्षा-अनुशासन और अध्यापन-पद्धति का उत्साह लेकर क्लास में दाखिल हुआ। क्लास में खचाखच भीड़। 75 लड़कों का नाम रजिस्टर में, संख्या कम-से-कम 150 की थी। छात्र-

छात्राओं ने कहा, ''नया टीचर आया है, लड़के-जैसा लगता है। चलो, मजा लें! आज पहला क्लास है उसका।'' सीनियर अध्यापक डॉ. पुत्तूलाल शुक्ल ने समझाया, ''घबड़ाइएगा नहीं। एक लौंडा है—चन्द्रशेखर चंदोला। एक नम्बर का शातिर है। बच के रहिएगा। 'टेरर' है नए अध्यापकों के लिए।''

क्लास में इतनी चीख-पुकार कि हाजिरी लेने में छात्र-छात्रा का नाम ही न सुनाई पड़े। मुझे उन जाति-नामों से परिचय नहीं था। वे मुझे अपरिचित नाम लगते। रोमन लिपि में लिखा उनका नाम भी मैं ठीक से नहीं ले पाता। सानवाल, थपलियाल, बड़थ्वाल, कपकोटी—इनका ठीक-ठीक उच्चारण करने में गड़बड़ा जाता। मैं रुआँसा, कहाँ फँस गया? काशी की सारी विद्या व्यर्थ! सारा तेज हवा! क्लास में ऐसी चिल्ल-पों कि मैं असहाय अध्यापक कुछ बोलने का प्रयास करूँ तो चीख, चिल्लाहट, शोर और बढ़ जाए।

एकाएक शोर बन्द हो गया। क्लास में शान्ति छा गई। एक वयस्क छात्र ने मस्ती में झूमते हुए क्लास में प्रवेश किया और अगली सीट पर आकर आसीन हो गया। मैं हाव-भाव से समझ गया कि यही चन्द्रशेखर होगा क्योंकि लड़के चुप तो हो गए थे लेकिन मुस्कुरा रहे थे। आँखों में 'अब कुछ होने वाला है' का भाव था। चन्द्रशेखर ने अत्यन्त आत्मविश्वास से देवानन्द की चाल में कक्षा में प्रवेश किया। उसके पास किताब, कॉपी, कलम कुछ नहीं। क्लास के बीच में से आने का भाव ऐसा था मानो 'गार्ड ऑफ ऑनर' की सलामी ले रहा हो या इंस्पेक्शन कर रहा हो! मैंने इतने खचाखच भरे क्लास की आशा-आशंका कभी नहीं की थी। जब क्लास में अराजक शोर हो रहा था तब सोचा कि पहला दिन है, धीरे-धीरे ठीक हो जाएगा लेकिन चन्द्रशेखर चन्दोला के आने से जब शोर थम गया तो मैं अन्दर से बहुत आशंकित हो गया।

उसी आशंकित चित्त से मैंने अपनी विद्वत्ता बिखेरनी शुरू की। कभी कालिदास का नाम लूँ, कभी ज्याँ पाल सार्त्र का, कभी बॉदलेर का, तो कभी रामचन्द्र शुक्ल का। बीच-बीच में बताता जाऊँ कि मैं काशी का पढ़ा हुआ हूँ। बीच में एक लड़के ने कहा, ''सर, आप अपना परिचय तो दीजिए।'' मैंने अपना परिचय दिया। उस लड़के ने कहा, ''बलिया के हैं क्या?'' मैं भड़का। बलिया के लोग 'बलियाटिकी-भोंदू' माने जाते हैं। मैंने गुस्से में कहा, ''जी नहीं, मैं बलिया का नहीं, लखनऊ के पास का हूँ, जहाँ की जबाँदानी मशहूर है।'' चन्द्रशेखर ने निहायत गम्भीरता से आवाज लगाई, ''सर, दोष इसका नहीं है, आपका भी नहीं है। आप 'ड़' को 'र' और 'र' को 'ड़' बोल जाते हैं, इसी से इसको गलतफहमी हुई।''

पूरी क्लास में हँसी का फव्वारा फूट पड़ा जो मुझे हाहाकार-जैसा सुनाई पड़ा। दिक्कत यह थी कि चन्द्रशेखर की बात सच थी। तब मैं वाकई 'ड़' को 'र' को और 'र' को 'ड़' अक्सर बोल जाता था, जैसे—'सरक के बाएँ किनारे से चलो।' मेरा

चेहरा गुस्से से नहीं बल्कि शर्म से लाल हो गया। रास्ते-भर के प्राकृतिक सौन्दर्य को देखकर शोभा का खजाना मन में भर लिया था, फिर भी मन खाली लग रहा था। बनारस याद आ रहा था और अध्यापक बनने का रोमांस चूर-चूर हो रहा था।

मैंने जैसे-तैसे चीख-चिल्लाकर हाजिरी ली और पढ़ाने के लिए किताब खोली। विद्यार्थियों को केशवदास की 'रामचन्द्रिका' का अंश पढ़ाना शुरू किया। पंक्तियाँ सुनाईं। भाव यह था कि वशिष्ठ मुनि राम को समझा रहे हैं कि धर्म-कर्म का काम पत्नी के बगैर नहीं हो सकता। अतः आपको दूसरा विवाह कर लेना चाहिए। सर्वविदित है कि मर्यादा पुरुषोत्तम ने दूसरा विवाह स्वीकार नहीं किया और सीता की स्वर्ण की प्रतिमा साथ रखकर यज्ञ किया। क्लास अपेक्षाकृत शान्त हो गई थी तभी देखा कि चन्द्रशेखर सामने की सीट से उठकर काफी दूर पीछे बैठ गया, अकेला। क्लास जहाँ खत्म होती थी, वहाँ से भी कुछ दूर पीछे। मैंने पूछा, "आप इतनी दूर क्यों बैठे हैं?" उसका शान्त, गम्भीर उत्तर था, "माइक से आती हुई आवाज नजदीक से साफ सुनाई नहीं देती, दूर से ज्यादा साफ सुनाई देती है।" मैं कुछ समझ नहीं पाया। क्लास में माइक तो था नहीं। अलबत्ता लड़के-लड़कियाँ समझ-बूझकर 'हा-हा, हू-हू' करने लगे। इतना शोर मचा कि मैं फिर असहाय, दयनीय हो गया। जो कुछ पढ़ा था बनारस में, सब भूल गया। 10-15 मिनट के बाद जब पढ़ाना फिर शुरू किया तो चन्द्रशेखर ने फिर गम्भीर प्रश्न किया, निहायत गम्भीर जिज्ञासु मुद्रा में, "सर, कवि कहते हैं कि धर्म-कर्म के काम पत्नी के साथ किए जाते हैं। पत्नी के साथ और कौन-कौन से धर्म-कर्म के काम किए जाते हैं?" क्लास की लड़कियाँ सन्न और ज्यादातर लड़के भी चुप लेकिन कुछ इतने खुश मानो डेस्क पर नाचने लगेंगे! मेरे दोनों कान सुर्ख, मारे क्षोभ के। अब मुझे क्रोध से ज्यादा अपने पर दया आ रही थी। मैंने लगभग रोते हुए चीखकर कहा, "गेट आउट ऑफ द क्लास!" चन्द्रशेखर ने उसी संयत मुद्रा में कहा, "सर, मैंने फीस दी है। मैं क्लास से क्यों निकलूँ?" मैंने तत्काल कहा, "तो भाई, मैं ही क्लास से जा रहा हूँ," और मैं क्लास से बाहर हो लिया। सीधे अपने विभाग के कमरे में पहुँचा। विभाग के चपरासी ने मुस्कुराते हुए एक गिलास पानी दिया। उसका मुस्कुराना मुझे चुभ रहा था। बोला, "कोई बात नहीं शाब, शुरू-शुरू में सबके साथ ऐसा होता है। कुछ दिन में ठीक हो जाएगा।" मुझे उसका यह वाक्य भी व्यंग्यपूर्ण लगा। दूसरी क्लास 'ऑनर्स' की थी। उसमें विद्यार्थियों की संख्या कम थी इसलिए कोई समस्या नहीं आई। डॉ. पुत्तूलाल शुक्ल ने सुना तो समझाया, "गनीमत है। वह बहुत बेढब है। क्लास में उत्तेजित भी नहीं होता। शान्त बना रहता है लेकिन हरकतें ऐसी करता है कि पढ़ाई-लिखाई नहीं हो सकती। आप नए हैं तो यह क्लास आपने ले ली। गोविन्द शर्मा तो यह क्लास कभी लेते ही नहीं। दूसरा सेक्शन ही लेते हैं जिसमें वह नहीं है। चुपचाप मुँह खोले बैठा रहता है बुद्धू की तरह। देखने में बौचक लगता है

लेकिन मुँह खोले-खोले ही कभी कुत्ते की बोली निकाल देता है, कभी बिल्ली की, मानो क्लास में कोई कुत्ता भौंक रहा है! बिल्ली म्याऊँ कर रही है! अब ऐसे में अच्छे-से-अच्छा अध्यापक भी क्लास को कंट्रोल कैसे कर सकता है? आपको क्या बताऊँ, आप तो यकीन भी नहीं कर सकते कि यह बदतमीज कहाँ तक जा सकता है! त्रिपाठीजी, यह अपने विभिन्न अंगों से ध्वनियाँ निकाल सकता है। आप समझे न? क्लास जमा है, गम्भीरता से आप कबीर, तुलसी, निराला या प्रेमचन्द पढ़ा रहे हैं। एकाएक आपको एक कुत्सित ध्वनि जोर से सुनाई पड़े। अब क्या आप हँसी पर रोक लगा सकते हैं? ऐसा है यह खुराफाती।''

आश्चर्य है कि चन्द्रशेखर चंदोला फिर मेरी क्लास में कभी नहीं आया। एक दिन मैं माल पर घूम रहा था। उसको देखा तो अपमान और क्रोध से चेहरा लाल हो गया लेकिन संयम ओढ़कर शायद गुरुवर पं. हजारी प्रसाद द्विवेदी को याद कर सहज वत्सल भाव ओढ़कर पूछा, ''क्यों चन्द्रशेखर, क्लास में क्यों नहीं आए?'' चन्द्रशेखर ने कहा, ''सर, आप नई उमर के हैं लेकिन शरीफ हैं, आपसे क्या पंगा लेना!'' चन्द्रशेखर चंदोला को किसी ने बता दिया था कि मेरी शादी हो गई है और मेरी पत्नी भी क्लास में बैठती है, बी.ए. कर रही है। चन्द्रशेखर मेरी पत्नी के सामने मुझे लज्जित नहीं करना चाहता था।

नैनीताल का प्राकृतिक सौन्दर्य मेरे लिए अभूतपूर्व था, अकल्पनीय था। ज्यादातर लोग सीधे-सादे अपने काम से काम रखनेवाले। मैदान के लोगों के सामने तन जाते, स्वाभिमानी होते। पहाड़ों पर मुझे डर नहीं लगता। समुद्र से डर लगता है।

समुद्र असीमता, अगाधता के कारण मुझे मृत्यु का भाव देता है। नैनीताल कॉलेज में पढ़नेवाले लड़के-लड़कियाँ बहुत अच्छे, शिष्ट और सुन्दर लगते। चन्द्रशेखर चंदोला से अब मुझे डर नहीं लगता था। अब वह मेरी पत्नी का क्लास फेलो था और भरसक मेरा लिहाज करता। एम.ए. में एक छात्रा थी। नाम था—स्नेह और उपनाम—चन्द। लोगों ने बताया कि वह गढ़वाल के शासक चन्द्रवंशी राजाओं के वंश की है। क्लास में बिलकुल चुप। मानो बोलना ही नहीं जानती। लिखावट बहुत सुन्दर थी। एक-एक अक्षर मानो मोती हों, साफ-सुथरे। वर्तनी की त्रुटियाँ बिलकुल नहीं। उसकी उत्तर पुस्तिका जाँचकर क्लास में लौटाता तो प्रशंसा करता, 'बहुत सुन्दर लिखती हो। उत्तर भी ठीक दिया है, मेहनत करोगी तो अच्छे नम्बर आएँगे।' वह उत्तर में थोड़ा फुसफुसाती जरूर लेकिन सुनाई कुछ नहीं पड़ता। डी.एस.बी. गवर्नमेंट कॉलेज में समारोह बहुत होते। उत्सवधर्मी वातावरण था। मैं गाँव और उत्तर प्रदेश के लोक-उत्सवों से परिचित था।

उत्तराखंड के उत्सव, नृत्यों, गानों से मेरा परिचय हो रहा था इसलिए मुझे बहुत उत्सुकता रहती। उनमें सपत्नीक शामिल होता। लौटता तो भोजन बनाने से पत्नी को छुट्टी मिल जाती। पहाड़ के आलू का स्वाद बहुत अच्छा होता है। वैसी टिक्की-

चाट मैदानों में नहीं मिलती। पहाड़ की मछली का स्वाद भी बेहतर होता है। खैर, एक दिन कॉलेज में नृत्य-गायन का समारोह था। आयोजन की जिम्मेदारी प्रो. जे. के. बलवीर के जिम्मे थी। वे संस्कृत पढ़ाते थे। विवाह फ्रेंच महिला से किया था। मुझे अलग से फ्रेंच पढ़ाने की कृपा करते थे, स्नेहवश।

समारोह जमा था। देखा कि मेरी क्लास की वही लड़की—स्नेह, गाने के लिए आई है। साथ में कुछ और कलाकार भी थे लेकिन मुख्य कंठ उसी का था। गायन की स्वर-लहरी क्या थी—जादू था! नैनीताल के अभूतपूर्व प्राकृतिक दृश्य की ध्वनि-लहरी थी जिसकी ध्वनि-योजना में पहाड़, झरनों, वनस्पतियों और सुगन्धों का अलौकिक बोध संयोजित था। वह गाने की ज्यादा मुद्राएँ नहीं बनाती थी फिर भी जब वह गाती तो उसके कानों के कुंडल भी लय में हिलते। कोई लोकगीत था जिसकी दो पंक्तियाँ याद हैं—'तीतिर खोला तीतिर बासा तीतिर हो गौगिना गंगा पारे, जमुना पारे, चमक्यो हो छैला तेरो जोवना।' बहुत बाद में पता चला कि यह लोक-गान पहाड़ी धुन में रचा गया था। यह संगीत का मेरा शायद प्रथम साक्षात्कार था। मैं रूप से, सौन्दर्य से, गन्ध से, स्पर्श से परिचित था, प्रभावित होता था किन्तु नाद-सौन्दर्य से इस कदर शायद पहली बार प्रभावित हुआ। मुझे यकीन ही नहीं हो पा रहा था कि यह वही सीधी-सादी लड़की है जो क्लास में ऐसे बैठती है मानो जबान ही नहीं है!

संस्कृत में मेरी पत्नी के क्लास फेलो ऊर्वा दत्त पन्त थे। उर्वा नहीं, पूरा दीर्घ उच्चारण करके बोलते थे अपना नाम—ऊर्वा दत्त पन्त। सुदूर क्षेत्र के। बिलकुल ठेठ उल्लासी पोशाक में वे नृत्य-समारोह में जरूर भाग लेते। तन्मय होकर नृत्य करते। नृत्य पर्वतीय करते। उनका नृत्य सचमुच पहाड़ का नृत्य लगता। नाचते-नाचते छोटा शीशा हाथ में लेकर अपना मुँह देखते-देखते नृत्य करते। नृत्य करते समय छोटे शीशे में अपना मुँह देखते हुए नृत्य करना शायद अपने रूप-गर्व का अनुभाव है। दर्पण की अर्थ-व्याख्या की भी संगति है। दर्पण वह है जिसको देखकर रूप का दर्प हो। ऊर्वा दत्त नृत्य में यह पंक्ति गाते, 'धन-धन सरकार पहाड़माँ लाखों रुपया बह दीन्हा'।

ऊर्वा दत्त पन्त सीधे-सादे थे। इतने सीधे कि कॉलेज के लड़के उन्हें अजूबा समझते। अपनी कला से वे विख्यात हो गए थे और इसका एहसास उन्हें भी हो गया था। कॉलेज के नृत्य-समारोहों में दो पर्वतीय गीत प्राय: गाए जाते, 'बाडू पाके बारामासा, केफल पाके चैता' और 'सूरा-सूरा देवी का मंदीरा'। क्लास में मैं स्नेह के गाने की बहुत तारीफ करता। उसकी लिखावट की भी। उससे मैं पंक्तियों का अर्थ पूछता। वह ऐसा फुसफुसाती कि मुझे न ठीक से सुनाई पड़ता, न समझ में आता। एक विद्यार्थी मेरे पास बहुत आता—सुरेश चन्द पन्त। वह घुमक्कड़ था। वह शिष्य से अधिक मेरा मित्र बन गया। कहता, ''चलिए, वह जगह दिखाएँ जहाँ

मधुमती की शूटिंग की गई थी, 'पापी बिछुआ वाला' डांस फिल्माया गया था।'' उसने बताया कि बिछुआ एक घास होती है जो लगने पर कष्ट देती है लेकिन जानकार जानते हैं कि उसी की बगल में उसके कष्ट का शमन करनेवाली वनस्पति भी होती है। सुरेश चन्द पन्त के साथ मैं लढ़िया काँटा चोटी पर गया। वहाँ मछली बनवाकर ले गया था, वही खाई। हालाँकि होटलवाले ने कह दिया था कि यह मैदानी मछली है, पहाड़ की होती तो मजेदार लगती। पन्त के साथ चाइना-पीक गया जहाँ जून में भी बर्फ जमी रहती है और कहते हैं, तिब्बत दिखलाई पड़ता है। मैंने जो देखा, वह तिब्बत था कि नहीं, कह नहीं सकता। हाँ, लौटते हुए खिले बुरुंश जरूर देखे। बुरुंश का उल्लेख पन्त (सुमित्रानन्दन पन्त) ने अपनी कविता में किया जरूर है लेकिन जिसने पहाड़ में खिला बुरुंश नहीं देखा है, वह बुरुंश का सौन्दर्य समझ ही नहीं सकता। केदारनाथ अग्रवाल ने लिखा है, 'जवान होकर जल रहा है, जैसे गुलाब, खेल रहा है आग का फाग-जैसा कुछ।' चाइना-पीक से झील दिखाई पड़ती है। नीचे झाँकने पर डर लगता है। मैं कालेखान में रहता था। चिरंजी लाल शाह के मकान में। वहाँ सखा नाम का एक युवक रहता था। कला पारंगत। बीमार पड़ा अकेला था। चन्द्रशेखर आया। साथ में डॉक्टर लेकर, बड़ी सेवा की उसने। उसकी उद्दंडता में कितना अपनापा बसा था! तीमारदारी करते समय उद्दंडता कहाँ चली जाती थी? नैनीताल में मेरी नौकरी पक्की नहीं थी। जब दिल्ली के किरोड़ीमल कॉलेज में लगी तो दिल्ली चल पड़ा। बस से काठगोदाम आकर दिल्ली की ट्रेन पकड़नी थी। स्टेशन पर बहुत से छात्र थे। स्नेहचन्द, चन्द्रशेखर—सभी चुपचाप। मेरे साथी अध्यापक जितेन्द्रनाथ पाठक भी थे। बस चली तो लोगों ने फूल के गुच्छे दिये। एक यात्री ने कहा, ''कब से आप पढ़ा रहे थे?'' मैंने कहा, ''ग्यारह महीने से।'' उन्होंने पूछा, ''बच्चे आपको बहुत चाहते थे?'' तभी मुझे फिर चन्द्रशेखर याद आ गया।

दिल्ली में एक लिफाफा आया, दो महीने बाद। उसमें 'तीतिर खोली तीतिर बासा' वाला गीत लिखा था और उसकी व्याख्या भी। व्याख्या की शैली वही, जैसी परीक्षा में उत्तर देते समय होती है, 'कवि का अभिप्राय यहाँ यह है' जैसी शैली। वैसे अगर कोई गीत मुझे पसन्द आए तो या तो वह पहाड़ी में होगा या फिर मारू बिहाग में।

[अगस्त, 2007]

मॉरिस नगर से मॉरिस नगर

8 अक्टूबर, 1959 को मॉरिस नगर खूब ऐला-फैला था। आर्ट्स फैकल्टी, डेल्ही स्कूल ऑफ इकोनॉमिक्स, हिन्दू कॉलेज, किरोड़ीमल कॉलेज, रामजस कॉलेज आज की जगह पर ही थे लेकिन सड़कें खुली-खुली थीं, छतनार घने पेड़ों की कतारें थीं, चारों तरफ मिट्टी नजर आती थी। कारें बहुत कम, साइकिलों पर और पैदल चलने वाले ज्यादा। छात्र पैंट-कमीज और छात्राएँ सलवार-कुर्ता या साड़ी में नजर आती थीं। नैनीताल या यू. पी. के अन्य नगरों की अपेक्षा लड़के-लड़कियाँ मिल-जुलकर घूमते-फिरते नजर आते लेकिन संकोच और दूरी बनाए हुए। लड़के, लड़के लगते थे और लड़कियाँ, लड़कियाँ; अध्यापक दिखलाई पड़ गया तो बचने की कोशिश करते, नहीं तो सादर 'गुड मॉर्निंग' आदि कहते; प्रोफेसर या विभागाध्यक्ष दिखलाई पड़ जाए तो सहमना, संकोच, आदर और डर कहीं ज्यादा बढ़ जाता। मॉरिस नगर में डी.टी.यू. की बस आती थी। डी.टी.यू. यानी डेल्ही ट्रांसपोर्ट अंडरटेकिंग तब डी.टी.सी. डेल्ही ट्रांसपोर्ट कॉरपोरेशन नहीं कहलाती थी। तब बसों में भीड़ धक्का-मुक्की नहीं थी। मॉरिस नगर, नॉर्थ कैम्पस का वातावरण बहुत खुशगवार, सुहावना और एकेडमिक था। विभिन्न विषयों के विभागाध्यक्षों, कॉलेज के प्रधानाचार्यों और अच्छे शिक्षकों की चर्चा छात्र-छात्राएँ मिथकीय गरिमा में करते थे। संयत ढंग से खादी सिल्क की साड़ी पहने अपने रूप से बेखबर किताबें लिये क्लास पहुँचने की जल्दी में आती हुई किसी छात्रा को देखना शीतल सौन्दर्यानुभव था।

तब सीधे-सादे शिष्य, सुसंस्कृत छात्रों की तादाद नक्शेबाज छात्रों से कहीं ज्यादा थी। छात्र तब गांधी, मार्क्स, लेनिन, फ्रायड, आइंस्टीन की बातें करते,

राजनीति पर मेज पर घूँसा मारते हुए बहस करते। राजनीति में आकंठ डूबे बुद्धिजीवी अध्यापक और छात्र इधर-उधर चारों तरफ मिलते दिखाई पड़ते, सुनाई पड़ते। मिलने पर सिगरेट ऑफर करते, आर्ट्स फैकल्टी से सटा हुआ लाइब्रेरी के पास वैंगर कॉफी हाउस था। डेल्ही स्कूल ऑफ इकोनॉमिक्स में और किरोड़ीमल कॉलेज के पीछे बंगलो रोड पर भी कॉफी हाउस था। किरोड़ीमल कॉलेज का नाम के.एम. कॉलेज भी था, सो उसे लोग कार्ल मार्क्स कॉलेज या के.एम. अशरफ (प्रसिद्ध कम्युनिस्ट अध्यापक, इतिहासकार नेता) कहते। पेड़, बरसात में पानी, ढाबे, बगल में कमला नगर। 1959 में वाइस चांसलर डॉ. वी.के.आर.वी. राव थे। प्रसिद्ध अर्थशास्त्री, अध्यापक और प्रबंधक। मोहक, प्रभावशाली भावना-प्रवण और प्रसिद्धिप्रिय। वे कभी-कभी बंगलो रोड के कॉफी हाउस में कॉफी पीने आते। के.एन. राज डेल्ही स्कूल ऑफ इकोनॉमिक्स में थे। बाद में अमर्त्य सेन भी। वे मॉरिस नगर में सड़कों पर टहलते दिखलाई पड़ते।

मॉरिस नगर नाम दिल्ली विश्वविद्यालय के अंग्रेज वाइस चांसलर मॉरिस ग्वायर के नाम पर था, जिन्होंने इस विश्वविद्यालय की स्मरणीय सेवा की थी। पूरा इलाका थोड़ा-थोड़ा ऊबड़-खाबड़, ऊँचा-नीचा था। आर्ट्स फैकल्टी और रामजस कॉलेज के सामने वाली सड़क के बीच की जगह बिलकुल खाली पड़ी थी। उसमें विश्वविद्यालय के कर्मचारियों के या अड़ोस-पड़ोस के बच्चे खेलते, धमाचौकड़ी मचाते। श्रीराम कॉलेज के अगल-बगल भी लम्बी-चौड़ी जमीन खाली थी। न दौलतराम कॉलेज था, न खालसा कॉलेज। ऊँचे-ऊँचे छतनार पेड़ जामुन के जरूर खूब थे। पानी बरसता तो पेड़ नहाते-झूमते। उन्हीं के आसपास बच्चे, छात्र-छात्राएँ आसपास मिले-मिले या अलग-अलग हँसते, प्रसन्न हो बारिश का मजा लेते या बारिश से बचते दौड़ते नजर आते। जामुन के पेड़ों से पके जामुन इतना गिरते कि पेड़ों के आसपास की जमीन जामुनी रंग की हो जाती। लोग बीन-बीन कर जामुन का मजा लेते। मॉरिस नगर की सड़कें जरा-सी बरसात में ही भर जातीं। छात्र-छात्राओं, अध्यापकों को पैंट ऊपर करके 'श्री 420' के राजकपूर की स्टाइल में पानी में चलना पड़ता। लड़कियों को परेशानी होती लेकिन वे उसके मजे भी लेतीं। जगह-जगह चाय के अड्डे थे। लोगों के अपने-अपने चहेते अड्डे थे। चाय के इन अड्डों पर ज्यादातर बिस्कुट, फैन, पपड़ी चाय के साथ मिलती। कहीं-कहीं ब्रेड-पकौड़ा, कहीं-कहीं ऑमलेट भी। अड्डों पर भीड़ रहती। चाय चार आने की थी। बिस्कुट 10 या 15 पैसे। ब्रेड-पकौड़ा भी चार आने का। दो अंडे का ऑमलेट एक रुपये का। ब्रेड स्लाइस 5 या 10 पैसे। एक चीज की रेहड़ियाँ बहुत थीं, छोले-कुल्चे की। भटूरे भी मिलते लेकिन उतने ज्यादा नहीं। एक कुल्चा पाँच पैसे का, एक पत्ता छोले चार आने का। आर्ट्स फैकल्टी में घंटे वाले कॉलेज (श्रीराम कॉलेज ऑफ कॉमर्स इसी नाम से ज्यादा परिचित था) की तरफ साइकिल पर एक

आदमी कुल्चे-छोले बेचता था। बहुत स्वादिष्ट। उसके यहाँ भीड़ लगी रहती। माल जल्दी ही उड़ जाता। वहीं बगल में अशरफी नाम का बिहारी युवक चाय-बिस्कुट, ब्रेड-पकौड़ा, ऑमलेट बनाता-बेचता था, उसकी भी दुकान बहुत चलती थी। त्रिलोचन शास्त्री कुछ दिन के लिए उर्दू विभाग में उर्दू-हिन्दी कोश का काम करने आए तो चाय अशरफी की दुकान की नहीं पीते। कहते, इसका दूध ठीक नहीं रहता है। छात्र कभी-कभी चाय का ऑर्डर देते—दो बटा तीन चाय, यानी दो कप की चाय तीन कप में।

उधार सभी अड्डों पर चलता था। बिना उधार के ऐसे अड्डों की कल्पना भी नहीं की जा सकती थी। एकाध अड्डे वाले तो विद्यार्थियों की मदद भी करते। छात्र-छात्राओं के पास पैसे नहीं होते। कहीं से पैसों के जुगाड़ की उम्मीद भी नहीं होती तो ये रेहड़ी-अड्डे वाले उन्हें बिना पैसा लिये खिलाते। किसी रेहड़ी-अड्डे वाले से पैसा न पाने की शिकायत नहीं सुनी गई। दो-तीन जगहों पर, बल्कि एक तो अशरफी की दुकान के साथ ही, एक रामजस कॉलेज के सामने सड़क की दूसरी ओर जहाँ से 21 नम्बर की बस चलती थी, पान की दुकान थी। रामजस कॉलेज के सामने वाले पंडित ने जब मुझसे सुना कि पं. हजारी प्रसाद द्विवेदी पान खाने के लिए सड़क की दूसरी ओर खड़े हैं तो पूछा कि वही 'बाणभट्ट की आत्मकथा' वाले? और दो जोड़ा पान लगाकर खुद उन्हें देने दौड़कर गया। पाँव छुए और पान पेश किया। पैसा नहीं लिया।

भारत को स्वतंत्र हुए एक दशक ही हुआ था। नेहरू युग था। नेहरू कहते थे, "मैं पंचवर्षीय योजनाओं के जादू-लोक में हूँ।" नवनिर्माण हो रहा था। सत्ता के केन्द्र दिल्ली में राजकीय वैभव—स्वतंत्र राष्ट्र का राजकीय वैभव दिखलाई पड़ने लगा था। 15 अगस्त को लाल किला मैदान में प्रधानमंत्री के भाषण को सुनने लोग आते और 26 जनवरी को गणतंत्र दिवस की परेड में शक्ति और स्वाभिमान की झाँकी दिखती। तब दूरदर्शन नहीं था, या आया ही रहा होगा। नेहरू के नेतृत्व में समाजवादी युग का स्वप्न सुरक्षित दिखलाई पड़ता। वामपंथी होना बुद्धिजीवी होने का लक्षण माना जाता था। लोगों के पास बहस करने का पूरा वक्त होता। कॉफी हाउस, टी-हाउस, गोष्ठियों, कॉलेज की वाद-विवाद प्रतियोगिताओं, बस-स्टैंडों, मकानों-घरों के बैठकखानों में दोस्तों के बीच गरमागरम बहसें होतीं, घरवालियाँ तंग हो जातीं झाँय-झाँय सुनते और चाय-नमकीन परोसते। घनघोर बहसों में तेजी आती लेकिन मारपीट कभी-कभी ही, बहुत कम होती। ज्यादातर हाथ-मिलौवल या 'लेट अस एग्री टु डिसएग्री' से बहस खत्म होती।

तब कम्युनिस्ट पार्टी अविभाजित थी। भारतीय जनसंघ खुद को आरएसएस से जोड़ने पर सहमत था। लोहिया जब पहली बार स्वतंत्र भारत में जेल गए तो प्रधानमंत्री नेहरू ने जेल में उनके पास इंदिरा गांधी के हाथों आम का टोकरा

भेजा था। सोवियत-भारत मैत्री मजबूत हो चली थी और 'हिन्दी-चीनी भाई-भाई' का नारा बुलन्द था। समाजवाद विरोधी खेमा तब इतना आत्मविश्वासी नहीं हुआ था।

देश के मन में सुखद, समाजवादी भविष्य का स्वप्न था। एक बार बम्बई से निकलने वाली पत्रिका 'ब्लिट्ज' के सम्पादक से पाठक ने पूछा : 'जवाहर के बाद भारत में क्या बचेगा?', 'ब्लिट्ज' ने जवाब दिया : 'लाल। जवाहरलाल-जवाहर = लाल।'

स्वतंत्र होने के बाद दिल्ली के ऐतिहासिक स्थान लाल किला, पुराना किला, कुतुब मीनार, जामा मस्जिद भारत की गरिमा, उत्तराधिकार, सत्ता और स्वाभिमान के प्रतीक बन गए। वायसराय भवन राष्ट्रपति भवन बना, लेजिसलेटिव असेम्बली संसद भवन बनी। कमांडर-इन-चीफ का निवास प्रधानमंत्री निवास बना। तब दिल्ली वही नहीं रह गई। जामा मस्जिद, मटिया महल, चाँदनी चौक, किनारी बाजार, कूचावालान नए भारत के पुराने पारम्परिक क्षेत्र हुए, जहाँ लोग प्राचीन भारत की झलक पाने के लिए जाने लगे। कनॉट प्लेस नए भारत के लोगों की सैरगाह बन गया। वहाँ थियेटर कम्युनिकेशन बिल्डिंग के, जो बैरकों का समूह थी, साथ एक शामियाना कॉफी हाउस खुल गया था। कुछ दिनों के लिए जहाँ आप कृष्ण मेनन, राममनोहर लोहिया, अटल बिहारी वाजपेयी, मोहित सेन, अशोक मेहता, नरेन्द्र शर्मा, शमशेर, अज्ञेय, भवानी प्रसाद मिश्र, रघुवीर सहाय, सर्वेश्वर, नामवर सिंह, कमलेश्वर, रमेश गौड़, सौमित्र मोहन आदि में से किसी को भी किसी से भी बातें करते, बहस करते देख सकते थे। किसी की भी जेब में मूँगफली हो सकती थी। कोई भी किसी से पैसे उधर माँग सकता था। एक घटना उधार माँगने की। इमरजेन्सी हटने के बाद जनता पार्टी की हुकूमत आई। उसमें बेलची कांड हुआ। नागार्जुन ने कविता लिखी—'हरिजन गाथा'। दिल्ली प्रगतिशील लेखक संघ ने 'हरिजन गाथा' का परिपत्र छपवाया। समूल्य वितरित करने का काम अजय तिवारी, चारुमित्र, हरियश राय आदि ने किया। बिना दाम के किसी को नहीं। कीमत आठ आना। ज्यादा दें तो बेहतर। उन्हीं दिनों भारतीय कम्युनिस्ट पार्टी का जुलूस निकला। इसमें 'हरिजन गाथा' बाँटी-बेची गई। पार्टी के जनरल सेक्रेटरी सी. राजेश्वर राव ने एक प्रति ली। वे समझते थे, मुफ्त बँट रही है। बाँटने वाले ने जिद पकड़ ली—कॉमरेड, पैसा तो देना पड़ेगा! सी. राजेश्वर राव कुर्ते की जेबें टटोलें, पैसा एक नहीं। बगल में रामशरण मुंशी खड़े

थे। उन्होंने अठन्नी दी। यह बात 1976 की है लेकिन तब तक सार्वजनिक रूप से उधार माँगा जाता था।

लोग काम लायक चालाक तो थे लेकिन जरूरत से ज्यादा और सिर्फ चालाक नहीं थे। थियेटर कम्युनिकेशन की बिल्डिंग से 'सेक्यूलर डेमोक्रेसी' निकलने लगा था। उसमें उर्दू के मशहूर व्यंग्यकार फिक्र तौंसवी बैठे बतिया रहे थे। उनके किसी दोस्त ने कहा, "तौंसवी साहब, आप बेवकूफ हैं।" फिक्र तौंसवी गम्भीर हो गए। बोले, "क्या मैं सचमुच बेवकूफ हूँ?" दोस्त ने कहा, "आप सचमुच बेवकूफ हैं।" फिक्र साहब बोले, "तब तो मुझे सँभालकर रखो। मैं दुर्लभ वस्तु हूँ (रेअर कमोडिटी)। आजकल बेवकूफ मिलते कहाँ हैं, हर आदमी सौ फीसदी चुस्त-चालाक हो गया है।"

मतलब यह कि चीजें इतनी दूर नहीं थीं। लोग सपना देख सकते थे और देखते थे। सत्ता-पुरुष सिर्फ सत्ता के कम, भारतवासियों के ज्यादा लगते थे। इलाहाबाद का आदमी नेहरू, लाल बहादुर शास्त्री, इंदिरा गांधी से अपना सम्बन्ध जोड़ता, बिहारी राजेन्द्र बाबू से, दक्षिण का कामराज सी. सुब्रह्मण्यम से। तब नेताओं और राजनीति में सबको समान रूप से बेईमान कहने की रूढ़ि नहीं विकसित हुई थी। तब शोषित लोगों का आन्दोलन-कोलाहल, जनरव और जन-समुद्र सुनाई-दिखाई पड़ता था। ऐसा नहीं था कि जिन लोगों के पास पहले से ही ज्यादा है, वे और ज्यादा के लिए आन्दोलनकारी बनें। तब अनशन, धरना, जुलूस, प्रदर्शन, क्रान्ति, उद्धार-सुधार, विकास, समाजवाद, अहिंसा जैसे शब्दों का अर्थ पतन, अनर्थ, अर्थहास, अर्थघृणा और अर्थशरम नहीं हुआ था।

दिल्ली विश्वविद्यालय के वाइस चांसलर वी. के. आर. वी. राव ने निर्देश दिया था कि दीक्षान्त समारोह में छात्राएँ श्वेत वस्त्र यानी सफेद साड़ी पहनकर आएँ। विश्वविद्यालय का कुलगीत तय किया—'संगच्छध्वं संवदध्वं'। घोषणा की कि दिल्ली विश्वविद्यालय भारत का सर्वाधिक संगीतात्मक विश्वविद्यालय बनेगा। अगले पाँच वर्षों में विश्वविद्यालय का प्रशासनिक कार्य हिन्दी में हो जाएगा। हिन्दी विभागाध्यक्ष तब डॉ. नगेन्द्र थे। मूलत: अंग्रेजी के अध्यापक। हिन्दी में एम.ए., पी-एच.डी. करके आकाशवाणी में आए, फिर विश्वविद्यालय में। वे भी योजना विलासी और योजनाओं को पूरा करने में तत्पर थे। वे अन्य हिन्दी विभागाध्यक्षों की तरह गुरुजी, शास्त्री जी नहीं थे। फर्राटे से अंग्रेजी बोलते थे, पहनते धोती-कुर्ता ही थे लेकिन ऐसा जँचते थे कि 'नगेन्दर साहब' कहलाते थे। उन्होंने हिन्दी विभाग का अविश्वसनीय विस्तार किया। पता नहीं, कितनी योजनाएँ बनाईं। विभाग में 1960 में ही अनुवाद, विदेशी छात्रों की शिक्षा, कोश, हिन्दीतर भारतीय भाषाओं के ऐच्छिक विषय आदि थे। अन्य विषयों के ग्रन्थ हिन्दी में तैयार कराने या अनुवाद कराने का संस्थान—यह सब हिन्दी विभाग के अन्तर्गत उन्हीं दिनों कार्यरत थे।

कहते हैं कि छठे दशक के प्रारम्भ में जब डॉ. नगेन्द्र हिन्दी विभाग में आए थे, तब कुल मिलाकर हिन्दी अध्यापकों की संख्या 6 थी। जब वे 1980 में सेनानिवृत्त हुए तब यह संख्या 600 थी।

और डॉ. नगेन्द्र की तूती ही नहीं बोलती थी, उनका डंका बजता था। विभाग का कोई व्यक्ति बैठकर नहीं, खड़े होकर ही उनसे टेलीफोन पर बात करता था। विभाग में उनके सिर्फ एक विरोधी थे डॉ. उदयभानु सिंह। उनसे किसी को बात करते देख लिया गया तो दूसरे दिन उसकी पेशी हो जाती थी। 'पत्ता तक हिलता नहीं, खिले न कोई फूल। तेरी मर्जी के बिना हे प्रभु मंगलमूल' की स्थिति थी।

विश्वविद्यालय के हिन्दी विभाग में छात्राओं और महिला अध्यापकों की बहुतायत थी। डॉ. नगेन्द्र का व्यक्तित्व प्रभामंडित, गरिमामय, आत्मविश्वासी, 'कहु केहि रंकहि करहु नरेसू। कहु केहि नृपहिं निकारउँ देसू', 'कर्तुं, अकर्तुं, अन्यथा कर्तुं' वाला था। ऐसे में प्रेम सम्बन्धों की सम्भावनाएँ निरन्तर एवं बहुआयामी थीं। डॉ. नगेन्द्र का व्यक्तित्व सामन्ती था—अपने समस्त नहीं तो अनेक गुणों-दोषों के साथ। वे विश्वसनीय, समर्थ शुभचिंतक और अकाट्य विरोधी थे। शत्रु-मित्र धर्म का पालन करने वाले। यही स्थिति कमोबेश प्राय: सभी विभागाध्यक्षों की थी। वे अपने-अपने क्षेत्र के सामन्त थे।

दिल्ली विश्वविद्यालय का हिन्दी विभाग बहुत सक्रिय, सजग था। डॉ. नगेन्द्र के लिए प्रसन्न रहने का तरीका सक्रियता था। विभाग की ओर से अनुसंधान परिषद् में लोगों के भाषण होते। शोधप्रबन्ध के अंश पढ़े जाते। बहस-मुबाहिसा होता। अन्त में डॉ. साहब बोलते। अन्य समारोह भी बहुत होते। आप मैथिलीशरण गुप्त, हजारी प्रसाद द्विवेदी, दिनकर, बच्चन, अज्ञेय, भवानी प्रसाद मिश्र, गिरिजा कुमार माथुर, नरेन्द्र शर्मा, प्रभाकर माचवे, विष्णु प्रभाकर, हंसराज रहबर, मन्मथनाथ गुप्त, सर्वेश्वर, रघुवीर सहाय, श्रीकान्त वर्मा को विश्वविद्यालय में अक्सर देखते। डॉ. नगेन्द्र सावधानी बरतते हुए समकालीन नए रचनाकारों को विभाग में लाते। मोहन राकेश, लक्ष्मी नारायण लाल, देवीशंकर अवस्थी, अजितकुमार, कैलाश वाजपेयी, हरभजन सिंह को लाए। मोहन राकेश साल-भर के अन्दर त्यागपत्र देकर चले गए। डॉ. दशरथ ओझा से नहीं पटी। एक जमाने में तो डॉ. नगेन्द्र डॉ. नामवर सिंह को भी दिल्ली विश्वविद्यालय के किसी कॉलेज में लाना चाहते थे। डॉ. केदारनाथ सिंह को भी। अजितकुमार, मन्नू भंडारी, इन्दु जैन, कैलाश वाजपेयी, स्नेहमयी चौधरी, महीप सिंह तो उनके रहते ही नियुक्त हुए। अफवाह तो यह थी कि अज्ञेय भी विभाग में आ रहे हैं। लेकिन वे न यहाँ आए, न कुरुक्षेत्र में जा पाए। कहते हैं कि डॉ. नगेन्द्र उनसे चके रहते थे।

उन्हीं दिनों विश्वनाथ किरोड़ीमल कॉलेज में हिन्दी के अध्यापक नियुक्त हुए थे। वे यूपी से आए थे। चेहरा-मोहरा ठीक था लेकिन छोटे कद के थे। अभावग्रस्त परिवार से थे। एक तो छोटे, दूसरे अभावग्रस्त परिवार के संस्कार, तीसरे अन्य विषयों के नहीं, हिन्दी के दब्बू और हीन ग्रन्थि से ग्रस्त। दिक्कत यह कि अन्दर हीन ग्रन्थि और ऊपर से फनफनाती अनुभवहीनता और देहाती अकड़। सो, अजूबा थे और सीनियरों, जूनियरों की निगाह में मनोरंजन, हास, सहानुभूति और कभी-कभी करुणा के आलम्बन थे। दिल्ली की चकाचौंध उनकी निगाहों से उतरी नहीं थी। उन्हीं दिनों कुछ वाकये हुए। कॉलेज में क्लास 8:30 बजे ही लगने लगती। एक दिन सबेरे-सबेरे पहुँचे तो देखा, स्टाफ रूम में अकेले एक आदमी बैठा किसी का इन्तजार कर रहा है। ताज्जुब की बात यह थी कि उस आदमी की शक्ल यशपाल से मिलती-जुलती थी। विश्वनाथ मन में हँसे, यहाँ यशपाल क्या करने आएँगे! 15 मिनट बाद डॉ. अशरफ पहुँचे, दरवाजे से ही लगभग चीखते हुए, ''यार यशपाल, माफ करना, थोड़ी देर हो गई मुझे। चलो कॉफी हाउस, वहीं बात करते हैं।'' सड़क की दूसरी ओर इंडिया कॉफी हाउस था। अरे वाह! यहाँ यशपाल इस तरह खुद मिलने आए डॉ. अशरफ से! यशपाल ही नहीं, इसी तरह सज्जाद जहीर और फैज़ को भी देखा। तब विश्वनाथ के मन में दिल्ली का रौब छा गया।

उन पर रौब छाता ही गया। धीरे-धीरे रौब का अहसास यानी विश्वनाथ की मारूबियत कम हो गई। दिल्लीवासी होने का अहसास होने लगा। गाँव जाते तो अच्छा तो बहुत लगता लेकिन पिता के मित्रों, बुजुर्गों, गुल्ली-डंडा खेलने के साथियों पर मानो कोई अहसान कर रहे हों। उनसे मिलकर, उनकी शान-शौकत, कपड़े-लत्तों से अपनी तुलना का भाव उदित होने लगा। अनजाने-अनायास। विश्वनाथ का अपना गाँव-जवार मानो पिकनिक करने की जगह हो! मानो वे आदिवासी-गिरिजन हों! उन पर कहानियाँ लिखी जाएँ, उन पर फिल्म बनाएँ। विश्वनाथ उन पर फिल्म बनाएँ यानी वे उनमें नहीं हैं। उनका मैं उनसे अलग होने लगा, दिल्ली का होने लगा।

सोवियत संघ का यश शिखर पर था। अन्तरिक्ष यान में 'लाइका' भेजा जा चुका था। अवधी, भोजपुरी में 'लइका' बेटे को कहते हैं। विश्वनाथ दिल्ली आए ही थे कि यूरी गैगरिन विश्व इतिहास का प्रथम मानव अन्तरिक्ष यात्री दिल्ली आया। दिल्ली विश्वविद्यालय के स्टेडियम में स्वागत हुआ। विश्वनाथ ने गैगरिन को साक्षात् देखा। छोटे कद, चुस्त कद-काठी का गैगरिन। पत्नी साथ में। गैगरिन एयर पायलट की वर्दी में हँसता हुआ। व्यक्तित्व से सहजता, निरीहता और आत्मविश्वास की किरणें फूट रही हैं—चीते का बच्चा। विश्वनाथ को लगा, दिल्ली नौकरी न लगी होती तो यूरी गैगरिन को ऐसा थोड़े देख सकते थे। दिल्लीवासी होने का

गौरवबोध अंकुरित हुआ। गाँव जाएँगे। गाँव ही क्यों, इलाहाबाद, बनारस, बलरामपुर जाएँगे तो लोगों को बताएँगे।

भारत को स्वतंत्र हुए एक ही दशक हुआ था। वातावरण में एक अजब-सी निश्चिन्तता थी। जब तक नेहरू हैं, हम सुरक्षित हैं। बहुत आगे न जा पाएँ लेकिन धीमे ही सही, विकास होता रहेगा। समाजवाद न आ पाए लेकिन समाजवादी दिशा की ओर देश उन्मुख रहेगा। विरोधी दल की सुनी जाएगी। ऐसा नहीं हो सकता कि सरकार को पता चले कि कहीं गड़बड़ हो रही है और वहाँ उसे दूर करने की कोशिश न की जाए। ऐसे तमाम किस्से प्रचलित थे कि भीड़ अनुशासित नहीं थी और जवाहरलाल नेहरू भीड़ में कूद पड़े और एक आदमी को इतना डाँटा कि वह रोने लगा। एक किस्सा तो मैंने खुद अपनी आँखों देखा। नेहरू का नहीं, आचार्य जे. बी. कृपलानी का।

बलरामपुर में कृपलानी का दौरा था। कृपलानी कांग्रेस से अलग होकर किसान मजदूर प्रजा पार्टी के नेता हो गए थे। बलरामपुर चुनाव प्रचार में गए थे। स्कूली छात्रों ने घेर लिया। चलिए, हमारे यहाँ भी स्कूल में भाषण दीजिए। कृपलानी गांधीवादी। बोले, ''आपने समय पहले से नहीं लिया है। मैं नहीं जा सकता।'' लड़कों ने घेरा बना लिया। ''हम आपको जबरदस्ती ले चलेंगे। आप कैसे नहीं चलेंगे?'' लड़कों के साथ कुछ स्थानीय गुंडे भी थे। कृपलानी का तैश देखने लायक था। वे कार में से निकलकर बाहर आए।

''क्या तुम लोग मुझसे कोई बात मेरी इच्छा के विरुद्ध जबरदस्ती करा लोगे? ब्रिटिश हुकूमत यह नहीं कर पाई थी और तुम करोगे? देखें, तुम क्या करते हो! मेरी लाश तो वहाँ भाषण नहीं देगी! और जीते जी मैं तुम्हारा कहना करूँगा नहीं।'' कृपलानी का हाव-भाव, उनका तैश देखकर लड़के सहमकर लौट गए। कृपलानी दुबले-पतले, लम्बे, बुड्ढे थे। खड़ी बोली साफ-सही नहीं बोल पाते थे। सिन्धी थे। सुचेता कृपलानी उनकी पत्नी थीं। अध्यापक की नौकरी छोड़कर गांधीजी के साथ हो लिये थे।

जिन दिनों मैं काशी विश्वविद्यालय में एम.ए. कर रहा था, कृपलानी गांधी जयन्ती पर भाषण देने निमंत्रित किए गए। हजारों छात्रों की भीड़। कृपलानी अपनी हिन्दी में बोलने लगे। पीछे से आवाज आई, 'इंग्लिश...इंग्लिश'। कृपलानी बोले, ''जो बेवकूफी आज तुम लोग कर रहे हो, वो हम तीस साल पहले करता था। हम हिन्दी में ही बोलेगा।''

एक लड़का बोला, ''वी आर एजुकेटेड पीपुल।'' कृपलानी ने कहा, ''लेट मी ट्राइ योर इंटेलिजेंस। ह्वाटिज फ्रीडम?'' छात्र ने जवाब दिया, ''फ्रीडम इज दैट साइंस व्हिच...''

कृपलानी ने कहा, ''सो वी गॉट साइंस ऑन फिफ्टींथ अगस्त।'' हॉल में जोर से अट्टहास हुआ और छात्र बैठ गया।

लोहिया की अन्तिम बीमारी में, प्रोस्टेट के ऑपरेशन के बाद जब इन्दिरा गांधी अस्पताल में उन्हें देखने गईं तो लोहिया ने कहा था, 'रानी जी आई हैं, इन्हें कुछ खिलाओ-पिलाओ।'

रफी अहमद किदवई के बारे में प्रसिद्ध था कि जेल के दिनों में उनके कई चोर-डाकू मित्र बन गए थे। वे उनके यहाँ आते और उन्हीं के साथ दस्तरखान पर भोजन करते। रफी साहब नेहरू के पक्के दोस्त थे। उनकी मृत्यु पर नेहरू ने कहा, 'मैं बहुत अकेला महसूस कर रहा हूँ।' पं. बालकृष्ण शर्मा 'नवीन' ने रफी साहब को भारत का अन्नदाता कहा था। उन रफी अहमद किदवई के बारे में सुना, हिन्दुस्तान मोटर्स ने कारों की पहली खेप तैयार की। बिड़ला के सेक्रेटरी को रफी अहमद किदवई के पास भेजा गया। उन्हें एक गाड़ी देने की पेशकश की गई। रफी साहब (मंत्री थे) ने कहा, ''मेरे पास कार खरीदने भर के पैसे नहीं हैं और मेरा काम सरकारी गाड़ी से ही चल जाता है।'' सेक्रेटरी ने कहा, ''गाड़ी आपको उपहार में दी जा रही है, पैसे की कोई जरूरत ही नहीं है।'' रफी साहब ने उपहार में गाड़ी लेने से मना कर दिया। सेक्रेटरी ने कहा, ''बिड़ला जी ने कहा है, गाड़ी वापस नहीं लानी है। वे न लें तो वहीं छोड़ आइएगा।'' रफी साहब ने यह सुना तो अपने सेक्रेटरी को बुलाया और कहा, ''अगर यह मुमकिन हो कि मुझे कहीं से कुछ उधार मिल सके तो पैसे लेकर गाड़ी ले लो।'' फिर उन्होंने बिड़ला के आदमी से कहा, ''मैंने बिड़ला जी की बात मान ली, आप उन्हें मेरा सलाम कहें और यह भी कि वे भी मेरी बात मानकर गाड़ी का दाम कबूल कर लें।''

मौलाना अबुल कलाम 'आजाद' आजाद तबीयत के माने जाते थे। बहुत खूबसूरत थे। भाषण में जादू करते थे। नेहरू उनकी बात नहीं टालते थे। कहते हैं कि वे फाइलों पर नोटिंग उर्दू में करते थे (फिर कोई अंग्रेजी में अनुवाद करता होगा)। नेहरू मौलाना के यहाँ चाय पीते थे। कहते हैं कि मौलाना चाय बहुत उम्दा क्वालिटी की पीते थे। अफवाह थी कि मौलाना पीने के भी शौकीन थे। शायद दीर्घकालीन विधुर थे। उनकी कोई औलाद है, सुना नहीं गया।

उनका कोई भतीजा घर पर रहता था। कामकाज कुछ नहीं करता था। मौलाना उसे हर माह पॉकेट मनी दे देते। एक दिन मौलाना को याद आया, भतीजे साहब ने चार महीने से पॉकेट मनी नहीं ली है। पूछा, ''बरखुरदार, पॉकेट मनी नहीं ली तो काम कैसे चला?'' भतीजे ने सिर झुकाकर सहमते हुए कहा, ''एक छोटी-मोटी नौकरी मिल गई है।''

मंत्री महोदय यानी मौलाना ने अपने सचिव हुमायूँ कबीर से पूछा, ''इसकी नौकरी कैसे लगी? चार महीने की इसकी तनख्वाह का पैसा मेरी तनख्वाह से वापस

करो और भतीजे साहब को कहो, पॉकेट मनी लेना जारी रखें।'' कहते हैं कि चार महीने की ली गई तनख्वाह को वापस करने में बहुत कानूनी दिक्कतें पड़ीं लेकिन पैसा वापस कर दिया गया।

राजेन्द्र बाबू को राष्ट्रपति भवन के स्नानागार में स्नान करने में परेशानी होती थी क्योंकि वायसराय के स्नानागार में खूँटियाँ नहीं थीं। राजेन्द्र बाबू को धोती टाँगने में दिक्कत पड़ती। राष्ट्रपति भवन के स्नानागार में धोती–अंगोछा टाँगने के लिए खूँटियों का इन्तजाम किया गया।

अफवाहें सबसे ज्यादा जवाहरलाल नेहरू के बारे में थीं। हर इलाहाबादी कहता, मेरे चाचा या बाबूजी को नेहरू बहुत मानते हैं। श्रद्धा माता से उनके सम्बन्धों की बात भी फैली थी। नेहरू संस्कृति के अध्येता थे और कलाकर्मियों, कवियों का सम्मान करने के लिए प्रसिद्ध थे। शुभलक्ष्मी का गायन सुनकर कहा, ''प्रधानमंत्री तो इस देश में अनेकानेक होंगे, शुभलक्ष्मी कोई दूसरा नहीं होगा।'' फैज हिन्दुस्तान आते तो नेहरू के यहाँ नशिस्त जरूर होती। जोश मलीहाबादी के पाकिस्तान जाने से नेहरू अप्रसन्न थे।

फिराक से भी अच्छी जान–पहचान थी। बच्चन, दिनकर उनके निकट माने जाते थे। मैथिलीशरण गुप्त के साथ बेतवा में स्नान करते हुए उनका एक फोटो मैंने देखा है। पं. बालकृष्ण शर्मा 'नवीन' के तो वे लँगोटिया यार थे। रामनरेश त्रिपाठी से जेल में रामचरित मानस पढ़ा था। माँ स्वरूप रानी से पत्र–व्यवहार कर सकें, इसीलिए हिन्दी पढ़ी थी। सेठ गोविन्ददास के ललकारने पर हिन्दी में एक किताब भी लिखनी शुरू की थी।

विश्वनाथ अजय तिवारी के साथ इन्दौर से उज्जैन गए थे। शिवमंगल सिंह 'सुमन' के बैठकखाने में नेहरू के हाथों लिखी एक पंक्ति को मढ़ाकर रखा गया था—'जिन्दगी उतनी खूबसूरत होनी चाहिए, जितनी कविता।' बहरहाल, तब यानी 50–51 तक लालकिले के कवि सम्मेलन में विजयलक्ष्मी पंडित और इन्दिरा गांधी कविता सुनने आती थीं।

सुमन ने कविता सुनाई, 'मुझको मेरा जवाहर दे दो।' कविता सुनकर श्रीमती पंडित ने 'सुमन' से कहा, ''मेरे साथ चलिए और तीन मूर्ति भवन में यह कविता भाई (जवाहर लाल) को सुनाइए।'' 'सुमन' गए। वहाँ नेहरूजी से मिले। उन्हें कॉफी पिलाई गई। फिर नेहरू ने विजयलक्ष्मी और इन्दिरा दोनों को डाँटते हुए कहा, ''कवि से कविता सुनने का यह कोई तरीका है? इन्हें खाने पर बुलाओ, दावत दो, खातिर...तवज्जो करो, तब कविता सुनाने की प्रार्थना करो।'' कुछ दिन बाद 'सुमन' निमंत्रित हुए और कविता सुनाई।

कहते हैं कि विचारों में प्रगतिशील जवाहरलाल नेहरू जल्दी–जल्दी चीजों को बदलते नहीं थे। निब टूट जाए तो नई निब लगवाकर वही पेन चलाते थे, हिन्दुस्तान

मोटर बहुत कहने-सुनने पर बदली। प्रधानमंत्री कक्ष में पंखा तो रहता था लेकिन कूलर नहीं पसन्द करते थे, एसी की तो बात ही नहीं थी। प्रतीक्षा करते हुए विदेशी राजदूत अखबार से पंखा झलते हुए गरमी से बचने की कोशिश करते थे।

हो-ची मिन्ह भारत आए। भारत सरकार ने रेड कारपेट से स्वागत किया। हो-ची मिन्ह ने कारपेट लपेटकर कन्धे पर रख ली। मिलते समय भारतीय राष्ट्रपति राजेन्द्र प्रसाद का चुम्मा लिया तो राजेन्द्र बाबू का चेहरा साँवले से गुलाबी हो गया। हो-ची मिन्ह कवि भी थे। एक कविता कोलकाता के रिक्शे खींचने वाले पर है, एक कविता जवाहरलाल नेहरू पर।

[शुक्रवार, 2012]

अपने विद्यार्थियों की दुनिया में

अमरकान्त की कहानी 'हत्यारे' 1958 के आसपास प्रकाशित हुई थी और मैं 1959 में दिल्ली विश्वविद्यालय के किरोड़ीमल कॉलेज में हिन्दी अध्यापक नियुक्त हुआ था। किरोड़ीमल कॉलेज में तब दिल्ली के आसपास के देहाती क्षेत्र के विद्यार्थियों की संख्या अन्य कॉलेजों की अपेक्षा अधिक हुआ करती थी। कारण शायद यह था कि कॉलेज के प्रिंसिपल और प्रबन्ध-समिति के अध्यक्ष, दोनों जाट थे। कॉलेज में हरियाणा के अध्यापकों और कर्मचारियों की संख्या भी काफी थी। मेरी नियुक्ति के थोड़े ही दिनों के बाद हिन्दी विभाग के अध्यापकों और छात्र-छात्राओं की पिकनिक ज्योंती-कलाँ नामक गाँव गई।

ज्योंती-कलाँ बड़ा गाँव है, गाँव के खेतों का बड़ा सीवान है। मैंने पहली बार हरियाणा का गाँव देखा। स्वस्थ, परम्परावादी किसानों का गाँव। औरतें मुँह ढँके लेकिन खेतों में काम करती हुईं। भैंसें हर जगह बँधीं। खाने में बाजरे की रोटी, सरसों का साग। साथ में प्रत्येक व्यक्ति की थाली में करीब पाव-भर ताजा मक्खन रखा हुआ। उस पिकनिक में मैंने ऐसे कई छात्र-छात्राओं को देखा, जो क्लास में नहीं दिखते थे। एक सतपाल निराश थे, करीब 35 वर्ष के छात्र। एक छात्रा करीब 30 वर्ष की थी। अन्य छात्र-छात्राएँ उन्हें 'डैडी-मम्मी' कहकर उन पर हँसते थे। 30 वर्षीया छात्रा ने गाना गाया : 'मधुकर स्याम हमारे चोर'। बीच में एक स्थान पर गद्यवाक्य बोला जाता है : 'रुक क्यों गई अनुराधा।' छात्रा ने मुझसे अलग से पूछा, "सर! आप नए हैं। मुझे अलग से पढ़ा दिया कीजिए।" मैंने कहा, "जरूर पढ़ा दिया करूँगा।" छात्रा सीधी-सादी थी—वयस्क, मोटी और थुलथुल। निरीह। दो-तीन दिन के बाद उसकी माँ आई। मुझे पूछते हुई स्टाफरूम में। डिब्बे में आधा

किलो बर्फी। अलग ले जाकर पूछा, "सर, ये मेरी लड़की एमए कर लेगी तो उसे प्रोफेसरी मिल जाएगी?" प्रोफेसरी यानी लेक्चरशिप। उन दिनों लेक्चरर को आम लोग प्रिंसिपल या प्रोफेसर कहते थे। हिन्दी-संस्कृत के अध्यापक को गुरुजी या शास्त्रीजी। उसने दो-तीन बार आग्रहपूर्वक पूछा, "यह कहती है कि एमए करने के बाद मुझे प्रोफेसरी की जॉब मिल जाएगी।" उस वृद्धा की आँखों में वह सवाल पूछते हुए जो भाव था, उसे मैं बयान नहीं कर सकता। भाषा में उसके लिए शब्द नहीं, और शब्द मन की छवि खींच पाने में अक्सर कामयाब नहीं हो पाते। उसे 30 वर्षीया छात्रा की शादी की चिन्ता रही होगी। शादी की बात कहीं बन नहीं रही होगी। वह लड़की स्वावलम्बी बनना चाहती होगी। घर के लोग उसकी उपेक्षा-तिरस्कार करते रहे होंगे। वह पुरुषों के आकर्षण का विषय भी नहीं बन पाती होगी। उम्र बढ़ रही थी और माँ-बेटी का स्थायी भाव निराशा था। कॉलेज में पढ़ाई और यह सवाल भी पढ़ाई का सवाल नहीं था—अपने को फुसलाने का क्षीण, पहले से ही उत्तरित छल था। तब तक मुक्तिबोध को नहीं पढ़ा था, उनकी वाणी में महाकाव्य पीड़ा को नहीं जाना था।

तब तक निम्न-मध्यवर्ग में भी यह बोध जगने लगा था कि लड़कियों को पढ़ाना चाहिए। इनकी नौकरी लग जाने से परिवार को राहत मिल जाती है। सबसे बड़ी बात कि शादी में आसानी होती है और दहेज में भी रियायत मिल जाती है। लड़की नौकरी करती है तो वह आमदनी का स्रोत होती है। महानगरों में लड़कियों को शिक्षा देने का अभूतपूर्व उत्साह देखने को मिलने लगा था। हिन्दी में छात्राओं की संख्या सबसे ज्यादा थी। इसका सबसे बड़ा कारण था निम्न-मध्यवर्ग की सन्तानों का अंग्रेजी से सम्पर्क का अभाव। भारतीय समाज में वर्ग, वर्ण और भाषा में बहुत गहरा सम्बन्ध है। निम्न-मध्यवर्ग की लड़कियाँ ही नहीं, लड़कों को भी हिन्दी का विषय अनुकूल पड़ता था—संस्कृत की भी अपेक्षा। दिल्ली में बहुत समय तक संस्कृत विषय की माध्यम-भाषा अंग्रेजी थी।

हिन्दी में लड़कियों की संख्या अधिक होने की बात अन्य विषय के छात्रों और अध्यापकों में चर्चा का विषय था। हिन्दी के छात्र अपनी बोली-बानी, रहन-सहन और संस्कृति-आचरण में अन्य विषयों के छात्रों से अलग दिखते थे। इसी समय दिल्ली में अनाधुनिक महिलाओं के लिए 'बहनजी' शब्द का आविष्कार हुआ था। इस विषय पर मन्नू भंडारी ने एक दिन खूब रस लेकर कहा, "अंग्रेजी की, हिस्ट्री की, पॉलिटिकल साइंस की छात्राएँ ऊँचे घरों से आती हैं। उनके पास कारें होती हैं, वे अपनी चहेती अध्यापिकाओं के कई काम करवा सकती हैं। इधर हिन्दी वाली छात्राएँ हैं। इनमें से किसी का बाप रेहड़ी लगाता है, कोई दर्जी है, कोई धोबी, किसी की परचून की दुकान है, किसी की मूँज वाली खाट की। ये किसी अध्यापिका की क्या मदद कर सकती हैं?"

लड़कों में और लड़कियों में भी कोई-कोई तो आधुनिक होने की कोशिश करते--जींस-शर्ट पहनते, बोलचाल में अंग्रेजी का अभ्यास करते लेकिन ऐसा करके वे और भी ज्यादा हिन्दी के लगते। किरोड़ीमल कॉलेज के कुछ छात्रों में यह हरियाणवी छवि बहुत आकर्षक थी। एक थे प्रकाश माथुर, हिन्दी ऑनर्स के प्रथम वर्ष के छात्र। क्लास सबेरे 8:30 बजे लगती। वे क्लास में कम्बल ओढ़कर आते। साथ में दिल्ली मिल्क स्कीम की चार बोतलें लाते। तब दिल्ली मिल्क स्कीम की बोतलें शीशे की होती थीं। क्लास में दिल्ली के कुछ छात्रों ने उन पर फब्ती कसनी शुरू की तो माथुर ने उनको दो-दो थप्पड़ रसीद कर दिए। जाड़े-भर कम्बल और दूध की बोतलों के साथ ही उन्होंने क्लास में हाजिरी दी।

हिन्दी के छात्र (और छात्राएँ भी) गुरुनिष्ठा के लिए प्रसिद्ध थे। वे मिलने पर प्रायः चरण-स्पर्श करते, घर आते। जरूरत पड़ने पर छोटे-मोटे काम भी कर देते। एक बार शक्कर की बहुत किल्लत थी। हिन्दी द्वितीय वर्ष के छात्र दीनानाथ राय (जो बाद में पत्रकार बने) कॉलेज के वरिष्ठ हिन्दी अध्यापक डॉ. गोविन्दराम शर्मा के लिए आधा किलो चीनी लिफाफे में लाए। मेरा दाहिना हाथ टूट गया। छात्र लेखराज यादव अलस्सुबह करीब 6:30 बजे बेगमपुर से मॉडल टाउन मेरे घर आकर हाथ की मालिश करते। हिन्दी विभाग एक और बात में विशिष्ट हो चला था और वह विशेषता ऐसी थी कि अन्य विभाग के विद्यार्थी तथा अंग्रेजी के खास तौर पर, ईर्ष्या करते। मौका मिलने पर वे हिन्दी विभाग के कार्यक्रम में शामिल होते, वह था—काव्य प्रतियोगिता तथा वाद-विवाद प्रतियोगिता। तब हिन्दी के प्रसिद्ध रचनाकार मैथिलीशरण गुप्त, रामधारी सिंह 'दिनकर', अज्ञेय, भवानीप्रसाद मिश्र, नरेन्द्र शर्मा, विष्णु प्रभाकर, बनारसी दास चतुर्वेदी, पं. बालकृष्ण शर्मा 'नवीन', जैनेन्द्र कुमार, प्रभाकर माचवे, गिरिजा कुमार माथुर, रघुवीर सहाय, सर्वेश्वर दयाल सक्सेना, मन्मथनाथ गुप्त आदि दिल्ली में ही रहते थे। डॉ. नगेन्द्र हिन्दी विभागाध्यक्ष थे। डॉ. हजारी प्रसाद द्विवेदी, डॉ. रामविलास शर्मा, शिवपूजन सहाय दिल्ली आए दिन आते रहते थे। विश्वविद्यालयों-कॉलेजों में ये आते। इनका भाषण होता। कॉलेजों में रंगमंच के प्रति आकर्षण बढ़ गया था। किरोड़ीमल कॉलेज रंगमंचीय गतिविधियों के लिए परम प्रसिद्ध था। राजेन्द्र नाथ, अमिताभ बच्चन, कुलभूषण खरबन्दा, दिनेश ठाकुर, टी. पी. जैन किरोड़ीमल कॉलेज के छात्र थे। राजनीतिशास्त्र के अध्यापक फ्रैंक ठाकुर दास कलाविद् थे। वर्षभर में हिन्दी के दो-तीन समारोह तो ऐसे होते ही जिनमें कॉलेज का विशाल हॉल खचाखच भरा रहता और प्रिंसिपल को राष्ट्रभाषा के प्रति अपना अनुराग प्रकट करने के लिए हिन्दी में बोलने के लिए तैयारी करनी पड़ती थी। वर्ष में एक बार अन्तिम क्लास के विद्यार्थियों का विदाई-समारोह होता। हिन्दी विभाग का विदाई-समारोह जैसा आत्मीय और भव्य समारोह दूसरे विभागों में नहीं होता। शायद यह मातृभाषा और देशी-साहित्य का प्रभाव था कि हिन्दी

विभाग के छात्र अपने गुरुओं का ऐसा सम्मान करते, ऐसी आत्मीयता दिखाते कि अन्य विभागों के अध्यापक उनसे ईर्ष्या करते या उनकी हँसी उड़ाते।

इस आत्मीय वातावरण का एक आयाम यह था कि ये छात्र आपस में एक-दूसरे की बहुत सहायता करते। अपेक्षाकृत कम गरीब छात्र ज्यादा गरीब छात्र को अपने कमरे में रख लेता। अपने साथ खाना खिलाता। उधार देता। अपनी कमीज-पैंट पहनने को दे देता, ट्यूशन ढूँढ़ देता। बीमार पड़ने या दुर्घटना होने पर सहायता करनेवालों की संख्या बढ़ जाती।

छात्रों की पारस्परिक सहायता और आत्मीयता की बात अलग लेकिन नौकरी पाने की स्पर्द्धा में आपसी कलह, चुगली, निन्दा, झूठे आरोप-प्रत्यारोप भी बहुत होते। एमए या पी-एच.डी. करते समय नौकरी पाने की जरूरत जीवन-मरण का प्रश्न थी। एमए करने और नौकरी पाने के बीच का समय छात्रों के लिए ऐसा समय होता है जो उनके लिए तपती धूप में बालू पर चलने, प्यास में मृग-मरीचिका देखने—असह्य आशा और निराशा में झूलने का समय होता है। वह ऐसा समय होता है जब माँ-बाप, परिवार वालों का प्रेम, उपेक्षा, दुत्कार और तीव्र उपालम्भ में परिवर्तित होता रहता है। माँ-बाप से आँखें चुराने का समय होता है। छात्र-छात्राओं की नौकरी पर उनके परिवार की आशा-अपेक्षाएँ ही नहीं टिकी होतीं, यह उनके विवाह, प्रेम-व्यापार का समय भी होता है। नौकरी मिलती नहीं और उनके विवाह का उचित अवसर बीतता जा रहा होता है। 1977 में जिस दिन मुझे विश्वविद्यालय के कला-संकाय में नौकरी मिली, तो प्रसन्नचित्त से मैं काफी हाउस गया। मुझे अकेले खाना-पीना बुरा नहीं लगता। प्रसन्नचित्त अवस्था में अकेले स्वाद लेना मुझे बहुत अच्छा लगता है लेकिन कॉफी की मेज पर एक अधेड़ व्यक्ति आ गया। मैंने देखा, उसकी मूँछ के बाल सफेद होने लगे थे। मैंने पूछा, ''आप किस कॉलेज से हैं ?'' उसने डूबती आवाज में कहा, ''पार्ट टाइम हूँ। एमए लगभग 15 वर्ष पहले किया था। मन उखड़ गया।'' मेरी प्रसन्नता भी बुझ गई। आप उन महिला दिखने वाली छात्राओं और उनके माता-पिता के मानसिक सन्ताप की भी कल्पना करें।

छात्र-छात्राएँ आत्महत्या करते हैं। क्यों ? यातना से मुक्ति पाने के जब और रास्ते बन्द हो जाते हैं तब!

ऐसी स्थिति में छात्र-छात्राएँ नौकरी पाने के लिए बहुत उचित-अनुचित, भद्र-अभद्र काम करते हैं। चापलूसी, अवसरवादिता, निन्दा अभियान, झूठे-सच्चे आरोप, प्रचार आदि। अध्यापक उनका उचित-अनुचित लाभ उठाते हैं लेकिन यह सब तर्कातीत नहीं। ये स्थितियाँ आत्मगत—सिर्फ मानसिक नहीं, वस्तुगत हैं—अस्तित्ववादी मनोवृत्ति होगी लेकिन ये स्थितियाँ यथार्थ हैं, और इन्हें समझने और सुधारने की जरूरत है। कब और कैसे सुधरेंगी ?

विभागीय अध्यापकों की गुटबाजी का नुकसान प्रायः छात्रों को भुगतना पड़ता है। एक वयस्क महिला छात्रा ने रोते हुए मुझे बताया कि "जैसे ही मैं इंटरव्यू में जाती हूँ, मुझसे पूछा जाता है, 'तुम्हारा गाइड कौन है ?' गाइड सर का नाम लेते ही अध्यक्ष महोदय नाक-भौं सिकोड़ने लगते हैं। मैं क्या कुछ करूँ, समझ में नहीं आता।" एक छात्र थे। वे अध्यापक बनने की आकांक्षा में अधेड़ हो चले थे। किसी ने सलाह दी—'तुम कपड़े ठीक-ठाक पहना करो। शेव ठीक किया करो, सुवासित होकर इंटरव्यू देने जाया करो।' उन्होंने कायापलट किया तो उनका व्यक्तित्व इतना अपरिचित हो गया कि लोग उनको पहचान ही नहीं पाते थे। पहचाने जाते तो हँसते थे। इस कायापलट के बाद भी असफल होने पर मैंने उनको व्यथा से जूड़ी बुखार की तरह तपते और काँपते देखने की असहाय यातना भोगी है। उनकी मूँछों को झाड़ू की तरह फड़कते हुए देखा है। करुण, हास्यास्पद बन जाने पर व्यक्ति कितना अपमानित होकर और भी ज्यादा करुण हो जाता है, टूटा हुआ आदमी किस प्रकार अमानवीय व्यवस्था की सीमा पर टँगा हुआ क्राइस्ट बन जाता है, यह मैंने देखा है। वह अपने ही नहीं, दूसरों के पापों का प्रायश्चित्त भी करता है। नौकरी न पानेवाले सामान्य युवक के पास कुछ भी नहीं होता। छोटी-सी नौकरी, हाथ का काम न करने, केवल प्रोफेसर बनने की महत्त्वाकांक्षा उसे सर्वथा दिशाहारा बना देती है। नौकरी न पानेवाले युवक-युवतियों को नौकरी पा गए साथियों के साथ रहना-सहना पड़ता है।

हिन्दी के अधिकांश विद्यार्थी कॉलेज में अध्यापक बनने की इच्छा रखते हैं। विद्यार्थियों की संख्या की तुलना में खाली जगहें बहुत कम होती हैं। छीना-झपटी बहुत ज्यादा होती है। विभागाध्यक्ष, प्रिंसिपल, टीचर इंचार्ज का महत्त्व अध्यापकी के कारण उतना नहीं होता, जितना कि नौकरी पाने का साधन होने के कारण होता है। इस छीना-झपटी के माहौल में छात्र अपनी योग्यता बढ़ाने में अपेक्षाकृत कम, अधिकारियों को अनुकूल करने में ज्यादा बल और अधिक प्रतिभा का इस्तेमाल करते हैं। विविध प्रकार की स्थायी, अस्थायी, अवकाश, प्रसूति आदि की छुट्टियों का क्रम निरन्तर चलता रहता है इसलिए अपना अनुकूलन तथा अन्य उम्मीदवारों का प्रतिकूलन, चुगली, चापलूसी, सम्पर्क-साधन की व्यस्त गतिविधियाँ निरन्तर चलती रहती हैं। इनको देखना-सुनना, इन पर ध्यान देना, वस्तुतः करुण गाथा का साक्षात् करने का अनुभव है। यद्यपि इसका शिल्प बहुत मनोरंजक, नाटकीय, स्वांग और औदात्य के छल का है। विवरण से गुजरने के पहले दो बातों का ध्यान रखना जरूरी है और ये दो बातें ही इन गतिविधियों को करुण-मार्मिक बनाती हैं। एक तो यह कि प्रतिभाशाली छात्रों को भी देर-सबेर इन गतिविधियों को अंगीकार करना पड़ता है। पहले प्रथम कोटि के छात्र-छात्राओं को नौकरी के लिए इन निम्न गतिविधियों में पड़े बिना भी नौकरी मिल जाती थी। समय के साथ-साथ प्रतिभा का

स्थान सम्पर्क-साधन ने तेजी से लिया है। विभागों में भी प्लेसमेंट की एजेन्सियाँ बन गई हैं। प्रतिभाशाली छात्र और अन्य छात्र भी पढ़ाई बहुत मन लगाकर करते हैं। अध्ययन में सहज रुचि लेने वाले संस्कारी छात्रों की संख्या में भी कमी नहीं हुई है। सामान्यत: ये छात्र-छात्राएँ स्वाभिमानी होते हैं। अनेक स्वाभिमान के कारण ही सफल नहीं हो पाते हैं। जो उत्कृष्ट अध्यापक के रूप में विभाग का गौरव बढ़ाते, उन्हें बाहर कर दिया जाता है।

दूसरी बात ध्यान रखने की यह है कि सम्पर्क-साधन, अनुकूलन-प्रतिकूलन की गतिविधियों में निरन्तर व्यस्त छात्र-छात्राएँ अन्तत: आत्मीयता और सहानुभूति के पात्र हैं। उन्हें ऐसा अवसरवादी, स्वार्थी और कमतर व्यवस्था, अर्थतंत्र, कुप्रबन्धन और नैतिक वातावरण ने बना रखा है, छात्र-छात्रा अभ्यर्थियों का जीवन किसी कारागार का जीवन होता है, जब तक कि उन्हें नौकरी मिल नहीं जाती है। 'जिन्दगी और जोंक' के रजुआ की तरह उनकी चालाकी और काइयाँपन अन्तत: जीवन में अवसर पाने का उद्यम होता है।

अध्यापकों की कमजोरियाँ ताड़ने में विद्यार्थी माहिर होते हैं। कमजोरियों के क्षेत्र लिंगानुसार अलग-अलग होते हैं और समान भी। सबसे शिष्ट तरीका है—क्लास में प्रश्न पूछना। प्रश्न पूछने से छात्र 'सर' की नोटिस में आ जाता है कि 'विद्यार्थी अध्ययनशील है', 'जिज्ञासु' है। धीरे-धीरे घर पहुँचना, गुरुमाता का प्रिय बनना, छोटे-मोटे काम पर देना। सबसे निर्णायक सम्पर्क-दौर है विभाग के 'सर विरोधी' अध्यापकों के अध्यापन की निन्दा करना और यह बताना कि विभाग के सर्वाधिक लोकप्रिय और श्रेष्ठ अध्यापक आप ही हैं। सम्पर्क की यह घनिष्ठता अर्जित करके फिर अवसर की प्रतीक्षा, उचित जुगाड़। कभी-कभी इस प्रवृत्ति के हिंसक रूप भी सामने आते हैं। पर्चेबाजी, निन्दा अभियान, कभी-कभी आपसी मारपीट भी हो जाती है। इसके अपने खतरे भी हैं। सर का विरोधी पक्ष प्रबल हो गया तो नियुक्ति लटक जाएगी। विभागाध्यक्ष के इर्द-गिर्द ऐसे छात्र-छात्राओं की संख्या गैर-विभागाध्यक्ष की तुलना में कहीं ज्यादा होती है। निन्दक-प्रशंसक अधिकांशत: बरसाती होते हैं। इनमें अपवाद भी होते हैं। इनमें से अनेक सफल होकर अपने साथी छात्र-छात्राओं की ईर्ष्या के पात्र बनते हैं तथा अनुकरणीय और आदर्श भी।

छात्राओं की सम्पर्क-यात्रा के अनेक रूप हैं। वह दर्दनाक, मनोरंजक और शिक्षाप्रद अधिक है।

कभी-कभी सारा दाँव उलट जाता है। विश्वविद्यालय अन्ततोगत्वा प्रबुद्ध, आदर्श तलाशते हुए पढ़े-लिखे, सरस्वती-साधक, किशोर-किशोरियों का स्थान है। यहाँ राजनीतिक चेतना भी व्याप्त होती है, इसलिए ईमानदार अध्यापकों-अध्यापिकाओं, आदर्श की राह पर चलने का प्रयास करनेवाले संयमी, परिश्रमी,

प्रतिभाशाली छात्र-छात्राओं की भी कमी नहीं होती। सारे जुगाड़पन, भ्रष्टाचार का अवकाश होने के बावजूद योग्य छात्रों को आगे बढ़ने से सफल होने से रोक पाना दुष्कर होता है। वातावरण में नैतिकता की अनुगूँज सुनाई देती रहती है—अप्रतिहत। ईमानदार और योग्य अध्यापकों के यश की सुगन्ध व्याप्त रहती है और सुयोग्य छात्रों की सराहना का यश भी।

जुगाड़ छात्र भी खलनायक नहीं होते। वे अव्यवस्था और उचित वातावरण के अभावों के शिकार होते हैं। नौकरी पा जानेवाले, लेक्चरर हो जानेवाले की दुनिया ही बदल जाती है। चप्पल घसीटने की स्थिति से निकलकर वह जल्दी ही एक कार खरीद लेता है और किसी कमाऊ सुन्दरी से विवाह कर लेता है। उसकी गरदन और कल्ले मोटे होने लगते हैं और तोंद बाहर निकलने लगती है। वह कलजुग से सतजुग में पहुँच जाता है। इसलिए नौकरीविहीन जिन्दगी से नौकरीयाफ्ता जिन्दगी में पहुँचने का दुर्निवार आकर्षण कम नहीं है। फासला है मगर वह अलंघ्य नहीं है। चमचमाती दुनिया दो कदम की दूरी पर है। अंगूर खट्टे नहीं हैं, सरस, स्वास्थ्यप्रद, सन्तोषजनक तथा मीठे हैं, सो उछल-कूद की गतिविधियाँ निरन्तर एवं अनेक होती हैं।

एक छात्र मेरे साथ शोध कर रहे थे। अति विनम्र, सेवा में अत्यन्त तत्पर। विदेश गया तो सर्दी लगी, ब्लडप्रेशर की शिकायत शुरू हुई। एक दिन वे आए डॉक्टर के साथ। अपने क्षेत्र के डॉक्टर को वे पकड़ लाए थे। उसने ब्लडप्रेशर लिया और बताया कि आपका ब्लडप्रेशर तो 25 वर्षीय युवक जितना है—120/80। आपको ब्लडप्रेशर न था, न है, न होगा। मैं पुलकित, आश्वस्त। यह और बात है कि मैं पिछले 32 वर्षों से दवाई खाकर रक्तचाप को नियंत्रित रखता हूँ।

दीवाली आई। एक दिन वे आए। बड़े झोले में काफी सामान—काजू, मिश्री, मखाना, इलायची तो थी ही, और भी बहुत कुछ था। एक परात लाए थे। किचन में गए। पानी भरा। अगरबत्ती जलाई। माला पहनाई। बोले, ''दोनों पैर परात में रखिए।'' मैं चौंका। यह तो 'पानी परात को हाथ छुयो नहिं नैनन के जल सो पग धोए' की स्थिति है।

मैंने कुछ दुर्वचन कहे। धमकी दी। ऐसा करोगे तो ठीक नहीं होगा। पाद-प्रक्षालन रह गया।

उस छात्र का आचरण हमें-आपको हास्यास्पद लगता है लेकिन मुझे उसकी आँखों में एक कातरता नजर आई। शून्य आँखें, आशंका और कातरता की झलक। ''सर, नाराज तो नहीं हैं, मेरा कॅरियर बरबाद हो जाएगा। मैं कॉलेज में नौकरी नहीं पाऊँगा।'' वह पूरा वाक्य नहीं बोलता। साफ बात करता, मानो कोई उसका गला दबा देता है। वह कौन था, जो उसका गला दबा देता था? गुरु की श्रद्धा नहीं, सम्मान की भावना नहीं बल्कि गुरु की नाराजगी की आशंका। तुलसी का एक शब्द है 'अपडर'। डर का कारण नहीं फिर भी डर लग रहा है। 'अपडर' का कारण था।

शोध-प्रबन्ध का जो अंश उसने मुझे दिखाया, वह उसका खुद का लिखा नहीं था। मुझे शक हुआ। मैंने उससे कहा, ''साफ बताओ, यह तुम्हारा लिखा है कि नहीं?'' वह बार-बार कहता रहा, ''मेरा लिखा है।'' मैंने करीब 50 बार पूछा। उसने हमेशा कहा, ''नकल नहीं है।''

मैंने कहा, ''ठीक है, अगर नकल होगी तो मैं तुम्हारी शिकायत ऊपर कर दूँगा। तुम मुझसे भी झूठ बोल रहे हो। देखो, गुरु से झूठ नहीं बोला जाता।'' वह अडिग।

बाद में मैंने उसे किताब दिखाई। एक प्रसिद्ध लेखक की किताब से उसने 50 पृष्ठ उतार लिये थे। वह चुप, रुद्ध-श्वास।

मैंने उसकी रपट कहीं नहीं की। छात्र और अध्यापक के बीच किसी अधिकारी के आने की क्या जरूरत! मैंने उसकी गलती बता दी, बस।

लेकिन उसके मन में भय बैठ गया। उसके मन की नदी का दूसरा किनारा धुँधला और दूरतर होता गया। उसने पी-एच.डी. कर ली थी लेकिन उत्तर ठीक से नहीं दे पाता था। चयन समिति में मैं होता तो यह सुनकर ही वह भाग जाता, इंटरव्यू नहीं देता।

उसे नौकरी नहीं मिली। पता नहीं, वह कहाँ है! उसकी निराश, अपराधबोध से ग्रस्त, सहमी-मटमैली आँखें मुझे कभी-कभी घूरती हैं। मैं कर्तव्यपालन कर रहा था, उसे उसकी गलती समझा रहा था या कि उसके कॅरिअर की हत्या कर रहा था?

[शुक्रवार, 2013]

तुम तो 'प्रिय प्रवास' पढ़ा रहे हो जी

8 अक्टूबर, 1959 से दिल्ली विश्वविद्यालय के किरोड़ीमल कॉलेज में मैंने पढ़ाना शुरू किया। डॉ. नगेन्द्र हिन्दी विभाग के अध्यक्ष थे और उनका प्रताप आतंक का समानार्थक था। लेकिन कॉलेज का वातावरण बहुत खुला था। प्रिंसिपल डॉ. सरूप सिंह अंग्रेजी के अध्यापक थे। शेक्सपीयर और गालिब को अक्सर उद्धृत करते। प्रेमचन्द के पाठक थे, हरियाणा के जाट थे। बढ़ती उम्र के साथ, जिन्दादिल और खूबसूरत होते जानेवाले। जैनेन्द्र कुमार, हजारी प्रसाद द्विवेदी और अज्ञेय को जानते थे। कपिला वात्स्यायन और उनकी मौसी सन्तोष दोनों को उन्होंने हिन्दू कॉलेज में पढ़ाया था। योग्य प्रशासक और मस्त, अक्सर स्टाफ रूम में अध्यापकों के साथ बैठकबाजी में मसरूफ होते। नियुक्ति के बाद उनसे मिलने गया तो उन्होंने सिगरेट आफर की अपने कमरे में ही। उन दिनों मैं सिगरेट पीता था, वह भी चारमीनार। सिगरेट ली लेकिन धुआँ उनके सामने नहीं, मेज के नीचे छोड़ता। हिचकिचाते हुए कहा, ''सर!''

उन्होंने बीच में टोका, ''सर नहीं, डॉ. साहब या प्रिंसिपल साहब कहो या डॉ. सरूप सिंह कहो।''

मैंने कहा, ''डॉ. साहब, मुझे इलाहाबाद जाना है पत्नी को लाने, और किराया नहीं है।''

उन्होंने मेरी तरफ गौर से देखा, बोले, ''तुम तो काम के आदमी निकले! ज्वाइन करते ही उधार माँग सकते हो। मैं बहुत दिनों से किसी ऐसे 'कुलीग' की तलाश में था। पैसे मैं तुम्हें अभी चोपड़ा (हेडक्लर्क) से दिलवाए देता हूँ लेकिन वापस लौटकर स्टाफ में किसी ऐसे की तलाश करो जो किसी वक्त अठन्नी से

लेकर बीस-पच्चीस रुपए तक उधार दे सके। मेरी तो कमीज सिली हुई टेलर के यहाँ पड़ी है। 10 रुपए के बिना दुकान से मँगा नहीं पाता। (तब कमीज की सिलाई का रेट यही था।) जान-पहचान का है इसलिए उधर से जाना छोड़ दिया है। प्रिंसिपल हूँ न, इतना कम उधार माँग भी नहीं सकता। त्रिपाठी, तू मेरी मदद कर सकता है।''

कालेज के बहुत किस्से हैं। एकाध मैं सुना भी सकता हूँ। मुझे उर्दू शेरों का नया-नया चस्का लगा था। बात-बात में शेर सुनाता। स्टाफ में एक अधेड़ गोरे-चिट्टे, मुस्लिम सज्जन। मस्तमौला फक्कड़ टाइप के। हल्के-फुल्के मजाकिया शेर सुना रहे थे। मैंने उन्हीं दिनों अब्बा चंगेजी का एक शेर सीखा था। प्रभावित करने के लिए सुना दिया। पूरा शेर तो अछप्य है। इतना लिखे देता हूँ—'शेख को कल मैकदे में देखकर मैंने कहा, तेरी माँ की—साले तू भी मैखाने में है।' शेर सुनकर अधेड़ व्यक्ति झूम उठा, ''वाह-वाह, विश्वा (मुझे वह विश्वनाथ नहीं, विश्वा कहते थे), साले अब्बा चंगेजी को मिलकर मुबारकबाद दूँगा।'' और उधर उर्दू के अध्यापक खलीफ अंजुम का चेहरा सफेद। मुझसे बोले, ''अबे तू अभी कच्ची नौकरी पर है। तूने डॉ. अशरफ को यह शेर सुना दिया। उनके जैसे बड़े आदमी के सामने तेरी जबान पर ये (अश्लील) शेर आया कैसे?''

''कौन डॉ. अशरफ? वही, जिन पर राहुल सांकृत्यायन ने 'नये भारत के नये नेता' नाम से लेख लिखा है? वे डॉ. अशरफ, जो प्रगतिशील लेखक संघ के संस्थापक हैं?'' मैं आसमान से गिरा, पानी-पानी और डॉ. अशरफ हैं कि शेर ऑफिस के टेलीफोन से सज्जाद जहीर को सुना रहे हैं। पूरा ऑफिस सुनकर किलोल कर रहा है। डॉ. अशरफ कॉलेज में लेक्चरर थे। कई विश्वविद्यालयों की रीडरशिप का प्रस्ताव ठुकराकर। उनसे मिलने कॉलेज में फैज अहमद फैज, सज्जाद जहीर, यशपाल एकाध बार आए। बात यह थी कि उनकी पोलिश पत्नी वक्त की बेहद पाबन्द थी। अनौपचारिक वातावरण घर में कम नसीब होता। डॉ. अशरफ आगंतुकों को कॉलेज के स्टाफ रूम में ही बुला लेते। बंगलो रोड के कॉफी हाउस में कॉफी पिलाते।

मैं पत्नी के साथ कनाट प्लेस घूम रहा था बच्ची को गोद में लिये। डॉ. अशरफ मैरिना के पास टैक्सी में बैठे किसी का इन्तजार कर रहे थे। एकाएक आवाज आई, ''तू भी मैखाने में है।'' डॉ. अशरफ ने मुझे देखते ही शेर चिल्लाकर पढ़ा।

मुझसे मुहब्बत थी। मैं कद में छोटा होने के कारण उम्र में भी छोटा लगता था। मुझे देखते तो कहते, ''सब बिरहमनों को कत्ल कर दिया जाएगा'' फिर मेरी ओर खासतौर पर मुखातिब होते, ''विश्वा, तुम फिकर मत करो। तुम बच जाओगे क्योंकि तुम तो ब्राह्मण नहीं हो, चमार की औलाद हो।'' डॉ. अशरफ अलवर के मेव जाट थे। अपनी माँ को हिन्दी में खत लिखते। बचपन में संस्कृत भी सीखी थी।

कॉलेज में अध्यापक लोग कभी-कभी कविता सुनाते। डिनर वगैरह के बाद मुझसे कविता सुनाने को कहा जाता। एक बार मैंने रघुवीर सहाय का शेर सुनाया। सर्वेश्वरजी से सुना था, "कई बार ऐसा हुआ है, जेब में पैसा हुआ है।"

डॉ. अशरफ उछल पड़े, "वाह-वाह! यार, हिन्दीवाले ऐसा शेर कह सकते हैं?" पहली तारीख को तनख्वाह मिलती। डॉ. अशरफ कहना न भूलते, "क्यों विश्वा, 'कई बार ऐसा हुआ है, जेब में पैसा हुआ है'।"

प्रगतिशील लेखक संघ के बारे में उनकी राय ज्यादातर लोगों से अलग थी। उन्होंने जर्मनी से सन्देश भेजा था, 'डॉक्टर रामविलास शर्मा और बनारसी दास चतुर्वेदी कोशिश करें तो पी. डब्ल्यू. ए. फिर जीवित हो सकता है।'

डॉ. सरूप सिंह के व्यक्तित्व के कारण किरोड़ीमल कॉलेज का वातावरण निहायत जिन्दादिल था और पढ़ाई-लिखाई के लिए भी मशहूर हो चला था। फ्रैंक ठाकुर दास के कारण रंगमंच के क्षेत्र में भी कॉलेज की ख्याति बढ़ रही थी। राजेन्द्र नाथ, अमिताभ बच्चन, दिनेश ठाकुर, कुलभूषण खरबन्दा यहीं के छात्र थे। इनके बारे में कभी अलग से लिखा जाएगा।

दिल्ली में पढ़ाने लगा तो दो बातें नई देखने को मिलीं। एक तो यह कि इतने सम्पन्न अध्यापक बनारस, कानपुर, नैनीताल, लखनऊ में नहीं देखे थे। दूसरे, यहाँ हिन्दी अध्यापक को अन्य विभागों के अध्यापकों से कुछ अलग समझा जाता था। उन्हें गुरुजी या शास्त्रीजी कहा जाता। विद्यार्थी उनसे व्यवहार में अनौपचारिक से होते। दूसरे विभागों के अध्यापकों के प्रति जो सम्भ्रम होता है, वह हिन्दी के अध्यापकों के प्रति नहीं होता। इसके कुछ लाभ भी थे।

मेरी क्लास सुबह साढ़े आठ बजे शुरू होती। जाड़े में सभी अध्यापक इतनी जल्दी नहीं पहुँचते। एक दिन सुबह पानी बरसा। खूब जाड़ा भी पड़ रहा था। सोचा, आज क्लास में लड़के नहीं होंगे लेकिन छात्र थे। मैंने कहा, "क्यों भाई, तुम लोग आज भी ठीक से पहुँच गए? इतना जाड़ा है।" एक लड़के ने कहा, "हिन्दीवाले शास्त्रीजी होते हैं। सबेरे-सबेरे नहा-धोकर, पूजा करके क्लास लेने ठीक टाइम पर पहुँच जाते हैं। देर हो जाए तो एबसेन्ट कर देते हैं। दूसरे विभाग के अध्यापक की क्लास होती है तो हम नहीं आते। वे ही नहीं आते। देर से सोकर उठते और आराम से कॉलेज आते।"

यह हालत केवल हिन्दी विभाग की ही थी। फैकल्टी में डॉक्टर नगेन्द्र का रुतबा था। वह 'डॉक्टर साहब' कहलाते थे। कर्मचारी 'नगेन्द्र साहब' कहते थे। डॉ. नगेन्द्र डीन थे। मेज के सामने एक ही कुर्सी रखवाते। एक बार मैं बैठा था। अंग्रेजी के एक विख्यात प्रोफेसर आए। मुझसे डॉक्टर साहब ने चुपके से कहा, "उठना मत। इस अंग्रेजी के प्रोफेसर को हिन्दीवालों के महत्त्व का पता लगेगा अगर मेरे सामने यह खड़ा रहेगा तो। लेट हिम लर्न द इम्पोर्टेंस ऑफ हिन्दी।"

हिन्दी पढ़नेवाले छात्र प्राय: निम्नमध्यवर्गीय या निम्नवर्गीय होते हैं। ज्यादातर छात्र या तो हरियाणा के होते या दिल्ली के दुकानदारों के घर के लेकिन हरियाणा और पंजाबी छात्रों में एक खास प्रकार का स्वाभिमान होता। वे पूर्वी उत्तर प्रदेश या बिहार के छात्रों की तरह याचना या दयनीयता की मुद्रा में नहीं रहते। काफी लड़के पढ़ने के साथ कोई-न-कोई छोटा रोजगार या छोटी नौकरी करते। हरियाणा से छात्राओं का आना शुरू हो गया था। वे कॉलेज में अपनी बोली और पोशाक से पहचान में आतीं। उनकी सहजता कभी-कभी मनोरंजक दृश्य प्रस्तुत करती।

एक छात्रा का नाम था—नसीबवती। गोरी-चिट्टी। फर्स्ट ईयर में दाखिल हुई थी। ऐच्छिक विषय दो थे—भाषा विज्ञान या 'प्रिय प्रवास'। मैं 'प्रिय प्रवास' पढ़ा रहा था। वह क्लास में धड़धड़ाती आई। कुछ पूछा नहीं। मेरे हाथ से किताब लगभग छीनी, देखा फिर, 'तुम तो 'प्रिय प्रवास' पढ़ा रहे हो जी' कहती हुई वापस लौट गई। आज भी याद करके हँसता हूँ। उस समय क्लास में ठहाके लग रहे थे।

मैं अवाक्, हक्का-बक्का। कॉलेज दिल्ली की महानगरीय और ग्रामीण सभ्यता, रहन-सहन का दर्पण था। महानगर दिल्ली के नवीनतम फैशन तक के छोकरे-छोकरी साथ में हरियाणा के ठेठ जट्ट और किसान लड़के। हरियाणा में जाट संस्कृति ही जातीय संस्कृति है। हरियाणा के बामन व बनिए भी बोली-ठोली में जाट ही लगते हैं। बनिए दुनियादारी में चुस्त होते हैं लेकिन यू.पी. के बनियों की तरह दब्बू नहीं होते। एक लड़का माथुर था। माथुर कायस्थ नहीं, जाट। सर्दी में कम्बल ओढ़कर क्लास में आता। साथ में 'दिल्ली दुग्ध योजना' की चार बोतलें लाता। दिल्ली के एक शरारती लड़के ने उसकी इस हरकत पर फब्ती कसी। माथुर ने अपने क्लासफेलो को कसकर दो हरियाणवी झापड़ रसीद किए।

क्लास में शरारती लड़के तंग करते। गाँव के लड़के अदब से रहते, नमस्कार करते और मन लगाकर पढ़ते। हरियाणा के लड़कों की खास बात थी कि वे दिन में, दोपहर में, यानी कॉलेज में खाना नहीं खाते। शहरी छोकरे छोले-कुल्चे, छोले-भटूरे या मसाला-डोसे पर जमे रहते। किसान लड़के घर आने पर भी खाने के लिए कहो तो मना कर देते, 'घर से रोटी खाकर चले हैं जी।' उन्हें शहर का खाना रुचता भी नहीं। उनके खाने में ही रोटी, लस्सी या मक्खन होता। वे क्लास में तंग नहीं करते। शरारत भी नहीं करते बल्कि एकाध को तो लड़कियाँ (दिल्ली की) छेड़तीं। एक लड़का था। वह बच्चों की तरह काजल लगाकर आता था। उसे क्लास की लड़कियाँ तरह-तरह से तंग करतीं। गुस्सा आने पर गाँव के लड़के कच्ची गालियाँ देते और मारपीट करते। विभाग में सीनियर अध्यापक डॉ. गोविन्दराम शर्मा थे। उत्तराखंड, कोटद्वार के। निहायत शरीफ, सीधे, पुराने विचारों के, सबकी सहायता करनेवाले। मुझ पर स्नेह था। कॉलेज के प्रथम तल पर केबिन थे छोटे-छोटे। कम छात्र हों तो क्लास उसी में लगती थी। एक क्लास ऐसी थी जिसमें केवल दो ही विद्यार्थी थे।

एक छात्र अन्धा था और दूसरी लड़की थी। दोनों संगीत के विद्यार्थी थे। हिन्दी ऐच्छिक थी। सबेरे-सबेरे क्लास लगती थी। छात्रा असाधारण रूपवती थी। मैं नया-नया आया था। नौकरी पक्की नहीं थी। डॉक्टर गोविन्दराम शर्मा को मेरी नौकरी की चिन्ता निरन्तर रहती थी। एक दिन हाथ पकड़कर मुझे अलग ले गए और धीरे-से कहा, "वह लड़का पूरा अन्धा! नहीं है। ध्यान रखिएगा।" तब मैं उतना समझदार नहीं था। मैं कुछ समझ नहीं पाया। पूछा, "लेकिन आप यह सब क्यों कह रहे हैं? चाहे वह पूरा अन्धा हो या आधा अन्धा, हमसे क्या?"

उन्होंने फिर समझाया, "मैं आपका ध्यान रखकर सावधान कर रहा हूँ। कहीं उसे पूरा अन्धा न समझ लीजिएगा।"

बहुत दिनों के बाद, समझदार होने पर डॉक्टर शर्मा की नसीहत का मर्म समझ में आया।

सातवें दशक के प्रारम्भ में दिल्ली के सामाजिक वातावरण पर नव धनिकों का दबाव पड़ने लगा था। मैं देहात से आया था जहाँ पिता मास्टरों से कहते थे, 'लड़का आपका ही है। इसे ठोक-पीटकर किसी लायक बना दीजिए। आपके चरणों में रहेगा तो किसी लायक हो जाएगा।' दिल्ली में नव धनिकों की प्रवृत्ति इससे उल्टी है। वे लड़के-लड़कियों को रोकना ठीक नहीं समझते। कहीं वे दब्बू न बन जाएँ! तब क्लास में हाजिरी होती थी। हाजिरी कम होने पर छात्र इम्तहान नहीं दे सकता था।

एक लड़के की हाजिरी कम हो गई। लड़के के संरक्षक को नोटिस भेज दिया गया। एक दिन सुबह-सुबह एक अधेड़ व्यक्ति सूट, बूट, टाई में मेढक की तरह उछलता हुआ स्टाफ रूम में पहुँचा। कॉलेज के 'अध्यापक कक्ष' में छात्रों के माँ-बाप या गार्जियन एक खास अदब के साथ आते थे। यह ऐसे आया मानो हमसे सेल्यूट लेने कोई फौजी अफसर आया हो, "मैं मिस्टर त्रिपाठी से मिलना चाहता हूँ। वह कहाँ हैं?"

"जी, मैं हूँ, कहिए।"

"आपने मेरे लड़के की हाजिरी कैसे कम कर दी?"

मैं अचकचा गया। नया-नया आया था। मैंने कहा, "वह क्लास में गैरहाजिर रहता होगा।"

उन्होंने कड़ककर कहा, "आपको पता है, वह बीमार था।"

''उसका मेडिकल सर्टिफिकेट दे दीजिए ऑफिस में।''

''आप नहीं जानते! आपकी तनख्वाह कितनी है? मेरी फैक्टरी में कई हैं जिनकी तनख्वाह फोर फीगर्स (चार अंकों) में है।''

मैं सकपकाया, सहमा, चुप। तमतमाया, किंकर्तव्यविमूढ़! बेचारा हिन्दी का मास्टर। तभी आवाज आई, ''साहब, जरा इधर तशरीफ लाइए। आप मुझसे बात कीजिए। कॉलेज का प्रिंसिपल मैं हूँ।''

डॉ. सरूप सिंह ने स्टाफ रूम में प्रवेश करते हुए कहा। चपरासी कुलीचन्द ने उन्हें खबर कर दी थी।

उन्होंने कुलीचन्द से कहा, ''तुम अपनी ड्यूटी नहीं करते? इन्हें अन्दर क्यों आने दिया? चोपड़ा हेडक्लर्क को बुलाओ। पुलिस को खबर करो। इन्होंने 'ट्रेस पासिंग' की है।''

अब वे सज्जन काँप रहे थे।

सरूप सिंह ने कहा, ''उस लड़के को हम गैरहाजिरी के कारण इम्तहान तो नहीं ही देने देंगे। कॉलेज से निकालेंगे भी। उसका कसूर यह है कि वह तुम्हारे जैसे बदतमीज आदमी का बेटा है।''

अन्त में वही हुआ, जैसा कि कॉलेजों में उस समय हुआ करता था। उस आदमी ने माफी माँगी। प्रिंसिपल ने उसे चाय पिलाई और लड़के को इम्तहान देने की इजाजत मिल गई।

[सितम्बर, 2007]

यह क्या परचंड मचा रखा है?

किरोड़ीमल कॉलेज में प्रेमचन्द समारोह का आयोजन था। कॉलेज में मेरे आने से पहले ही योजना बन चुकी थी। रिहर्सल जरूर होती थी। 'गोदान' में एक प्रसंग ऐसा है जिसमें थानेदार तहकीकात करने होरी के गाँव आता है। होरी और धनिया में झगड़ा होता है, धनिया थानेदार को फटकारती है। कॉलेज के अध्यापक मेरे वरिष्ठ सहयोगी सत्यपाल चुघ प्रेमचन्द के बड़े प्रशंसक थे। वे राष्ट्रीय स्वयंसेवक संघ के उदार सदस्य थे। उर्दू बहुत अच्छी थी उनकी। शास्त्रीय संगीत के शौकीन थे। इकबाल की गजल—'लाऊँ वे तिनके कहाँ से आशियाने के लिए, बिजलियाँ बेताब हों जिनको जलाने के लिए'—बहुत अच्छा गाते थे। आयोजन उन्हीं की देखरेख में हो रहा था। इस अवसर पर सेमिनार भी होना था। उसमें जैनेन्द्र, हंसराज रहबर, मन्मथ नाथ गुप्त थे और अध्यक्षता डॉ. रामविलास शर्मा को करनी थी। उन्हें स्टेशन से लाने के लिए छात्र सुरेन्द्रनाथ सिंह के साथ मैं जाने लगा तो एक सीनियर शुभचिन्तक ने समझाया, "अभी नौकरी पक्की नहीं है। मत जाओ, कोई डॉ. नगेन्द्र से कह देगा तो...।" मैं फिर भी गया लेकिन डॉ. शर्मा उस गाड़ी से आए ही नहीं। थानेदार की भूमिका धवन नाम के छात्र को करनी थी। धवन रावलपिंडी का था। उम्र सिर्फ 19–20 की लेकिन बहुत मोटा, लम्बा, गोरा। मोटाई के मारे उसकी साँस फूल जाती। मुँह से शब्द गोल-गोल निकलते। उसे थानेदार बनाया गया था, उसकी कद-काठी देखकर। वह सिर पर टोपी के ऊपर तुर्रेदार पगड़ी बाँधता पठानोंवाली। हाथ में छड़ी रखता। पुलिस की वर्दी में वह डरावना लगता। बोलता तो हास्यास्पद लगता। उसे संवाद बोलना था, 'तुम लोगों ने यह क्या पाखंड मचा रखा है?' डॉ. चुघ ने उसे ठीक करने का ठेका लिया। लगा कि वह 'पाखंड' बोल लेगा।

सेमिनार के बाद नाटक होनेवाला था। डॉ. शर्मा ने हस्बेमामूल जैनेन्द्र और रहबर की आलोचना की। रहबर ने डॉ. नगेन्द्र की मौजूदगी में ही उनकी कड़ी आलोचना की। जब डॉ. शर्मा बोल रहे थे, तब जैनेन्द्र कोई किताब पढ़ रहे थे। तालियाँ सिर्फ डॉ. शर्मा के भाषण के दौरान बजीं। मंच पर धवन का प्रवेश ताम-झाम के साथ हुआ। उसे देखते ही छात्र हँसने लगे। वह अविचलित था। रौब से डाँटते हुए उसने कहा, ''तुम लोगों ने यह क्या परचंड मचा रखा है?'' हँसी से सभागार हिलने लगा। धवन ने समझा, दर्शक रसविभोर हो रहे हैं इसलिए वह कई बार बोला, ''तुम लोगों ने यह क्या परचंड मचा रखा है?''

मैंने डॉ. नगेन्द्र और डॉ. शर्मा को इतना खुलकर हँसते हुए कम देखा है। जैनेन्द्रजी खुलकर नहीं हँसे, मुस्कुराए जरूर ।

कॉलेज के सामाजिक कार्यकर्ता थे—धवन। पूछो चाहे न पूछो, हर जगह वह हाजिर दिखलाई पड़ते। कॉलेज के समारोहों के जो फोटोग्राफ कॉलेज मैगजीन में छपते, उसमें बीच में, कोने-अन्तरे में वह हर फोटोग्राफ में रहते। वह उसका इस्तेमाल इम्पोर्टेंस बनाने में करते, कॉलेज में आनेवाले नए छात्र-छात्राओं को कुछ दिन प्रभावित किए रहते। नए अस्थायी अध्यापकों के साथ उठते-बैठते। मैं भी उन्हीं अध्यापकों में था। धवन साहब मुझसे ट्यूशन पढ़ना चाहते थे। मैं उनसे घबराता। धवन साहब मुझे बताते, ''मैं आपसे ट्यूशन पढ़ूँगा तो आपको खाने के लिए घर का बना मुर्गा-शुर्गा ले आऊँगा। आप लोग क्या दाल-रोटी खाते हैं? हमारा पठानी खाना खाइए तो समझेंगे।''

मैं तब भी ट्यूशन पढ़ाने को तैयार नहीं हुआ। बोले, ''मेरी जान-पहचान वी.सी. साहब से है। चलिए, एक दिन आपको ले चलता हूँ। उनके साथ मैं अक्सर चाय पीता हूँ।''

वी.सी. उन दिनों सी. डी. देशमुख थे। मैं इतना तो समझ गया कि यह बेमतलब की डींग मार रहे हैं, लेकिन उनसे झंझट नहीं मोल लेना चाहता था। वी.सी. के साथ उनकी मुलाकात का राज कॉलेज के एक समारोह में खुला, लेकिन वह थोड़ी देर बाद। अभी उनका एक और कारनामा है, वह भी मुझसे ही सम्बन्धित। कॉलेज में वार्षिक समारोह होता था, पहली फरवरी को। मैं था नया, अस्थायी, छोकरावत्। स्टाफ के और अध्यापक मुझे तरह-तरह से छकाते, अंग्रेजी में जिसे 'किडिंग' कहते हैं। उनमें अंग्रेजी के अध्यापक देशराज गोयल सबसे आगे थे। वे मुझे बहुत मानते भी, खूब खिलाते-पिलाते भी लेकिन मजाक भी बनाते। बाद में उन्होंने कॉलेज की नौकरी छोड़ दी। 'मेनस्ट्रीम' के सम्पादक मंडल में शामिल हो गए। सो, उस वार्षिक समारोह में छात्र पंक्ति बनाकर मार्च कर रहे थे। उन्होंने उस पंक्ति में मुझे सबसे आगे रहने को कहा और धवन को ठीक मेरे पीछे। मैं इतना छोटा (तब दुबला-पतला भी था) और उसी के ठीक पीछे भूधराकार धवन। अकड़कर मार्च करता

हुआ। लोगों का यथेष्ट मनोरंजन हुआ होगा। आखिर में, प्रिंसिपल ने आकर कहा, "त्रिपाठी, तुमसे किसने कहा, यहाँ आने को?" मैंने गोयल की ओर इशारा किया। वे आँखों में मुस्कुराने लगे। लेकिन राज खुला, तब कॉलेज के प्रिंसिपल डॉ. सरूप सिंह नहीं, डॉ. सेठी थे।

समारोह के अन्तिम चरण में पुरस्कार वितरण होना था। वाइस चांसलर देशमुख—पूर्व वित्तमंत्री, आई.सी.एस., रिजर्व बैंक के भूतपूर्व गवर्नर, विश्वविद्यालय अनुदान आयोग के प्रथम चेयरमैन, संस्कृत के कवि, शान्तिनिकेतन गए तो रवीन्द्रनाथ पर संस्कृत में कविता बनाकर ले गए। 'मेघदूत' पर व्याख्या लिखी। आकर्षक व्यक्तित्व, बला के हाजिरजवाब। रिजर्व बैंक की गवर्नरी के दिनों, मुम्बई गए। फिल्म अभिनेत्री नरगिस ने पूछा, "हमारी फोटो नोटों पर क्यों नहीं छापते?" देशमुख ने कहा, "लोग नोट छिपाकर रखे रहेंगे, प्रचलन में नहीं आएँगे, इसलिए।" उन्हें पुरस्कार वितरण करना था।

धवन तत्कालीन प्रिंसिपल सेठी के इर्द-गिर्द बहुत रहते थे। प्रिंसिपल सेठी सीधे थे। धवन के कहने में आ गए। धवन ने चुन-चुनकर अपने लोगों को पुरस्कार समारोह में योग्यता के प्रमाण-पत्र दिलवाए। देशमुख आए। धवन को देखा। पुरस्कार प्राप्त करनेवाले छात्रों को ताड़ा, कुछ सोचा होगा। धवन बगल में ही खड़े रहे, कुछ जरूर सोचा होगा कि लोगों ने देखा, वाइस चांसलर चिन्तामणि द्वारिकानाथ देशमुख ने एक बड़े प्रमाण-पत्र को बीचोबीच से फाड़कर, दो टुकड़े करके फेंक दिया। उनका चेहरा लाल। पुरस्कार का वह प्रमाण-पत्र खुद वाइस चांसलर के लिए था।

देशमुख ने भाषण नहीं दिया। सभागार से बाहर निकलते हुए प्रिंसिपल सेठी से कहा, "मेहरबानी करके मुझसे कल सवेरे दस बजे ऑफिस में मिल लीजिए।"

उनके जाने के बाद प्रिंसिपल ने धवन साहब से कहा, "धवन, आज तुमने मुझे फँसा दिया।" प्रिंसिपल सेठी कुछ दिनों बाद चंडीगढ़ चले गए। आखिरी बार (अब तक की) धवन से भेंट हिन्दूराव अस्पताल में हुई। त्रिलोचन शास्त्री को हृदय में तकलीफ हो गई थी। गहरी आशंका थी। उन्हें देखने गया था तो देखा कि एक कमरे में धवन भी बिस्तर पर पड़े हैं, मोटापा कम करने की कोशिश में कुछ पिचक से गए थे। उन्हें भी हृदय की कोई तकलीफ थी। खयाल उन्हें तब भी मेरा वैसा ही था। बोले, "रुकिए, मैं कार का इन्तजाम कर देता हूँ।" मैंने उन्हें ठीक से स्वस्थ हो जाने का आशीर्वाद दिया।

कॉलेज में छात्रों द्वारा बहुत अच्छे नाटक खेले जाते थे। छात्र नाट्य संस्था फ्रैंक ठाकुरदास की देखरेख में चलती थी जो मशहूर अंग्रेजीदाँ, राजनीति शास्त्र के अध्यापक और वक्ता थे। आज के मशहूर और प्रतिभाशाली मंचकर्मी दिनेश ठाकुर हिन्दी ऑनर्स के छात्र थे। दिनेश ठाकुर शुरू से ही रंगमंच में बेहद दिलचस्पी लेते थे। वह सचमुच रंगकर्म से प्रतिबद्ध थे। हिन्दी में उनकी रुचि थी लेकिन वह अपने

विषय की अपेक्षा रंगकर्म में बहुत अधिक व्यस्त रहते। एक बार किसी नाटक के बारे में वह मुझसे क्लास में बहस करने लगे। मैंने अध्यापक के रुतबे का फायदा उठाते हुए उनसे तेज बातें कीं। बात यह थी कि वे किसी प्रसिद्ध रूसी नाट्यशास्त्री को उद्धृत कर रहे थे और मैंने वह किताब पढ़ी नहीं थी लेकिन था अध्यापक। दिनेश ठाकुर की शादी में अजित कुमार और मैं शामिल हुए थे। दिनेश ठाकुर की फिल्म 'रजनीगन्धा' मुझे बहुत पसन्द आई और एक वह फिल्म, जिसमें दिनेश ठाकुर ने संजीव कुमार के साथ काम किया है, 'अनुभव'—बेहद पसन्द है। वह फिल्म अभिनेता होने के बाद भी कॉलेज आते, हम लोगों से मिलते। अभी हाल ही में असगर वजाहत बम्बई गए थे। वहाँ दिनेश ठाकुर ने मेरा स्मरण प्रेमपूर्वक किया, ऐसा उन्होंने मुझे बताया है।

अमिताभ बच्चन हिन्दी के छात्र नहीं थे लेकिन किसी-न-किसी रूप में हिन्दी पढ़नी होती प्रमाण-पत्र के लिए। अमिताभ शरारती थे लेकिन दिखते ऐसे, मानो शर्मीले हों! हॉकी और बैडमिंटन खेलते। वह अंग्रेजी के नाटकों में अभिनय करते। उनकी अंग्रेजी बहुत अच्छी थी, तब लोग कहते, 'बच्चनजी का लड़का है, बच्चनजी का लड़का है।' अमिताभ के क्लास की विदाई पार्टी थी। एक खेल होता है—'फिश पांड'। एक लड़का दौड़ता हुआ चक्कर काटता है और किसी के पीछे कागज का टुकड़ा रख देता है। उसमें जो लिखा रहता है, वह करना पड़ता है। चक्कर लगाते हुए कागज का टुकड़ा रखने का काम अमिताभ को दिया गया। उन्होंने मेरी पीठ के पीछे जो कागज रखा, उसमें लिखा था—'कोई कविता सुनाइए।' मैंने जोश मलीहाबादी की रुबाई सुनाई—

'गुंचे! तेरी हालत पे दिल हिलता है
बस एक तबस्सुम के लिए खिलता है'
गुंचे ने कहा हँसकर—'ऐ बाबा,
यह एक तबस्सुम भी किसे मिलता है!'

खेल के आखिर में कोई छात्र चक्कर काटनेवाले के पीछे परची रखता है। अमिताभ ने काबुलीवाला का गाना सुनाया, 'गंगा आए कहाँ से, गंगा जाए कहाँ रे? लहराए पानी में जैसे धूप-छाँव रे।'

बहुत सधा हुआ कंठ था। अमिताभ का कंठ और आँखें बहुत अच्छी हैं। नीचे का ओठ थोड़ा मोटा है। अमिताभ को कॉलेज में बच्चन-पुत्र के रूप में शोहरत हासिल थी, अपने किसी गुण या आकर्षक व्यक्तित्व के लिए नहीं। उनका छोटा भाई अजिताभ सेंट स्टीफंस में पढ़ता था। एक दिन मैं अपने सहयोगी और जाने-माने कवि अजित कुमार के साथ बच्चनजी के यहाँ गया। बच्चनजी थोड़ा अस्वस्थ थे। यों ही ढीले चल रहे थे। वहाँ बहुत अच्छा जलपान करने को मिला। खूब बातें बच्चनजी ने कीं, कविताएँ सुनाईं। तेजीजी भी अपनापे से मिलीं, मानो मुझे पहले से

जानती हों! एक सज्जन बिहार से आए। उन्होंने बच्चन को साष्टांग किया, सचमुच का, 'भूतल परेउ लकुट की नाईं'। भूमिष्ठ मुद्रा में ही बोले, "काव्य के देवता बच्चन के चरणों में मेरा प्रणाम स्वीकार हो।" ऐसा दंडवत प्रणाम मैंने काशी के भी किसी पंडित से नहीं देखा था। बच्चनजी सहज बने रहे, मानो ऐसे दंडवत प्रणाम के अभ्यस्त हों! इधर यह दंड प्रणाम चल रहा था और उधर सामनेवाले कमरे से अमिताभ हम लोगों को देख रहे थे। देख ही नहीं रहे थे, हमें मुँह बिराकर चिढ़ा भी रहे थे, जबान बाहर निकालकर लपलपा रहे थे।

प्रतिभाशाली रंग-निर्देशक राजेन्द्र नाथ तब अन्तिम वर्ष के एम.ए. (अंग्रेजी) के छात्र रहे होंगे लेकिन उनका व्यक्तित्व अध्यापकों-जैसा गम्भीर था। वह कम बोलते थे। उनके द्वारा निर्देशित कई नाटक कॉलेज में देखे। बाद में 'घासीराम कोतवाल' और 'बगिया बाछीराम की' करके उन्होंने ख्याति अर्जित की। परसाई की कई रचनाओं को भी उन्होंने मंच पर उतारा।

सातवें दशक के प्रारम्भ में दिल्ली विश्वविद्यालय का वातावरण आशा और उल्लास से दीप्त रहता था, तब नेहरू-युग था। उनकी आलोचना तो होती थी किन्तु उनकी ईमानदारी पर किसी को शक नहीं था। खुला, जनतांत्रिक वातावरण था। शिक्षा का प्रसार हो रहा था, लोगों को सार्वजनिक क्षेत्र में नौकरियाँ मिल रही थीं। काशी, इलाहाबाद, लखनऊ-जैसे हिन्दी क्षेत्र में अच्छे हिन्दी लेखक और विद्वान दिल्ली विश्वविद्यालय के हिन्दी विभाग में समा रहे थे। प्रदूषण नहीं था। था भी तो उसका बोध नहीं था। कॉलेजों में कवि-गोष्ठियों, वाद-विवाद प्रतियोगिताओं, नाटकों, संगीत-समारोहों की धूम थी लेकिन इन सांस्कृतिक समारोहों में भारतीयता थी, तब अंग्रेजीमय वातावरण आज से कम था। लगता था कि हिन्दी कभी अंग्रेजी की जगह सचमुच ले लेगी। दिल्ली में मैथिलीशरण गुप्त, नवीन, दिनकर, बच्चन, नरेन्द्र शर्मा, बनारसीदास चतुर्वेदी आदि थे। डॉ. नगेन्द्र थे। सुमित्रानन्दन पन्त, महादेवी वर्मा, हजारी प्रसाद द्विवेदी अक्सर आते थे। अज्ञेय, नेमिचन्द्र जैन, भारतभूषण अग्रवाल, गिरिजा कुमार माथुर पुरानी पीढ़ी के नहीं, नई पीढ़ी के ही माने जाते थे। रघुवीर सहाय, श्रीकान्त वर्मा, सर्वेश्वर दयाल सक्सेना बिलकुल नई पीढ़ी के। मुद्राराक्षस आ गए थे और रमेश गौड़ हिन्दी विभाग में छात्र थे।

किरोड़ीमल कॉलेज में 'जश्ने फिराक' मनाया जा रहा था। फिराक गोरखपुरी के सम्मान में द्विदिवसीय समारोह। दिल्ली का उर्दू-समाज एकत्र था। के. जी. सैयदेन ने समारोह का उद्‌घाटन किया। फिराक साहब दरियागंज और जामा मस्जिद के बीच में स्थित जगत टाकीज से लगे होटल में टिकाए गए। जाड़े के दिन, साथ में उनके सहचर और अंगरक्षक शिष्य-मित्र, बाद में 'हमने फिराक को देखा है' के लेखक रमेश चन्द्र द्विवेदी थे। फिराक साहब शेरवानी और नाड़ा लटक रहे उठंग पाजामा की परिचित पोशाक में पधारे थे। आप जानते हैं, उनका आतंक रहता था।

वह हिन्दी की चिन्दी करते थे। हिन्दीवाले उनका सम्मान करते थे और उनसे दबते भी थे। विरोध करना चाहते थे तब भी नहीं करते थे और फिराक साहब इस सबका जायज-नाजायज फायदा उठाते हुए हिन्दी और हिन्दीवालों की मरम्मत करते रहते। वह आए। साथ में हस्बेमामूल ही-ही करते हुए अनेक शायर, उपशायर। गुलजार देहलवी कभी दाएँ, तो कभी बाएँ। बड़े कमरे में उस दिन रमेश गौड़ की चांडाल-चौकड़ी भी थी। कई अच्छे प्रतिभाशाली उर्दूदाँ—एकाध तो फारसीदाँ छात्र। ऐसे छात्र थे जो हिन्दी में एम.ए. कर रहे थे। फिराक साहब ने बैठते ही हिन्दी की चर्चा छेड़ दी। आक-थू की मुद्रा में। ये लड़के कुछ एतराज भी करें तो सब हँसें। इसी बीच जलपान आया। जलपान में बर्फी भी थी। गुलजार साहब ने बर्फी फिराक साहब को पेश की तो उन्होंने अपनी ठेठ मुद्रा में, जैसे तेज बदबू आ रही है, का अभिनय करते हुए कहा, ''न भाई, यह नहीं, यह तो हिन्दी है।'' इसके पहले कि हँसी का ठट्ठा शुरू हो, हिन्दी छात्रों की चौकड़ी में से किसी की जोर से आवाज आई, ''गुलजार भाई! नहीं, यह हिन्दी है। फिराक साहब इसे हजम नहीं कर पाएँगे।''

फिराक साहब ने गौर से अपनी बाहर फटी पड़ती आँखों को गोल-गोल घुमाकर देखा और बोले, ''हूँ...!''

[अक्टूबर, 2007]

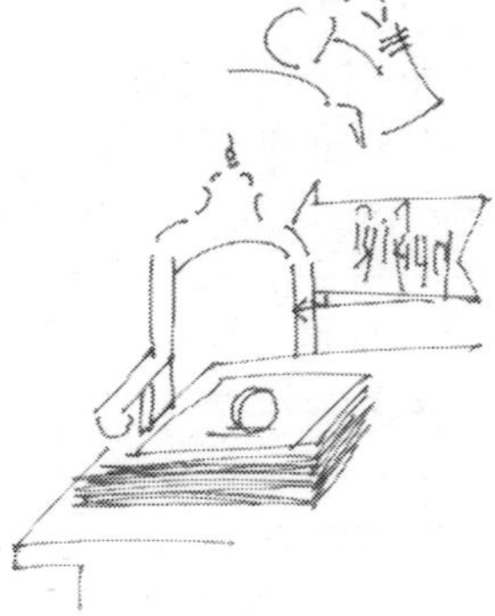

अध्यापकों के भी 'गुरु' होते हैं छात्र

हाजिरी कभी-कभी बहुत अच्छे विद्यार्थियों की भी कम हो जाती है। हिन्दी, संस्कृत, उर्दू में खासतौर पर ऐसा होता था। सब्सिडियरी विषय के रूप में इनमें सिर्फ तैंतीस प्रतिशत अंक से पास कर दिया जाता था। पाठ्यक्रम और पढ़ाने का तरीका घिसा-पिटा था। अच्छे लड़के पास होने के लिए क्लास आना जरूरी नहीं समझते थे। दिल्ली के शहराती, ऊँचे नौकरशाहों या ऊँचे घरानों के छात्र विशेष रूप से। ऐसे ही एक छात्र थे—हरीश खरे। राजनीति शास्त्र (ऑनर्स) के विद्यार्थी। उस समय इनकी गतिविधियाँ क्या थीं, मुझे नहीं मालूम, क्योंकि वह क्लास में लगभग नहीं आते थे। देखने में गम्भीर, सादा लिबास, कम बोलनेवाले। फरवरी या मार्च के महीने में राजकुमार जैन इन्हें लेकर मेरे घर आए। राजकुमार जैन कॉलेज के मशहूर छात्र और छात्र नेता थे। खद्दर का लम्बा सोशलिस्ट लोहिया-राजनारायण छाप कुर्ता, खद्दर का ही पाजामा। धुआँधार, झकझोर भाषण देनेवाले। लगभग हर प्रदर्शन, धरना, जुलूस में आगे-आगे। व्यवहार में निहायत शिष्ट, अमरूद खाने का विशेष शौक, वृत्ति ब्रह्मचारी (आज भी)। उनका कहना टालने का मन नहीं करता। हरीश खरे की हाजिरी कम हो गई थी। इम्तिहान देने से रोक दिया गया। मैंने पता नहीं, चाय वगैरह पिलाई कि नहीं? कुछ-न-कुछ खिलाया-पिलाया जरूर होगा। हरीश खरे की भी छवि गम्भीर विद्यार्थी की थी, लेकिन झूठी हाजिरी देने से साफ मना कर दिया। मुझे याद है, खरे की ओर से हाजिरी बढ़ाने की बात राजकुमार जैन ने ही की। हरीश ने कुछ नहीं कहा, चुप ही रहे।

अभी कुछ दिनों पहले, प्रभाष जोशी के 70वें जन्मदिन पर अचानक हरीश खरे से भेंट हुई। मैं 'हिन्दू' में उनके अग्रलेख पढ़-लिखकर पुलकित होता, अध्यापक

(बरायनाम ही सही) होने में गर्व का अनुभव करता। कितनी अच्छी अंग्रेजी लिखता है वह! पहला लेख पढ़ा था, वेंकटरमन–इच. अर्थात वेंकटरमन–खुजली। बिलकुल मेरे मन की बातें थीं। देखते ही बोल उठा, ''सर, आपने मेरी अटेंडेंस नहीं बढ़ाई थी।'' मैंने पूछा, ''फिर तुमने क्या किया था?'' ''मिस्टर नन्दलाल गुप्ता और मिस्टर जी. जे. रामाराव ने प्रिंसिपल से सिफारिश करके ठीक करवा दिया था।''

कोई शिकायत नहीं थी, पूरा सम्मान था। ''कभी आइए सर, ऑफिस। कॉफी पीकर पिछले दिनों की याद ताजा करेंगे।''

''मैं तुम्हारा फैन बन गया हूँ। तुम्हारा और पी. साईंनाथ का। इससे भी अच्छा लिखो।''

इतना अच्छा लगा। जिसको कुछ नहीं पढ़ाया, उस शिष्य की भी अर्जित योग्यता को देखकर।

हिन्दी ऑनर्स के छात्र थे सत्यदेव पांडे—हरियाणा के ब्राह्मण। साँवले, कद-काठी मजबूत, लेकिन पैर में खराबी होने की वजह से लँगड़ाते थे। पैर का दोष असाध्य था। छड़ी लेकर क्लास में आते थे। व्यवहार में दबंग, बर्ताव में अनुशासित और बातचीत में तेज, पढ़ने लिखने में ठीक-ठाक। बात की बर्दाश्त नहीं। कहते हैं, गुस्से में आकर एक आदमी को ट्रेन से बाहर फेंक दिया था। वह मरा नहीं। वह बच गए। क्लास में ठीक टाइम से आना, ठीक टाइम से जाना। कोई छात्र-छात्रा अनुचित व्यवहार करे, उद्दंडता करे, तो सत्यदेव पांडे अभिभावक की तरह डाँटें, आपस में झगड़ा हो जाए तो एस. डी. पांडे दोनों को समझा दें, ''भाई, जरा सँभल के रहा कर।''

आलोचक डॉ. रामविलास शर्मा को उस दिन निराला पर भाषण देना था। उसी वर्ष उन्हें साहित्य अकादेमी पुरस्कार मिला था। कॉलेज की इज्जत का सवाल था। अच्छा समारोह करने का विचार था। अध्यक्षता कवि शमशेर बहादुर सिंह को करनी थी। शमशेरजी तो सीधे थे। उनको पहुँचने में दिक्कत नहीं थी। डॉ. शर्मा ने कहा था कि अमुक कॉलेज में भी मेरा भाषण है, वहीं किसी को भेज देना। उसी के साथ कॉलेज चला आऊँगा। किसको भेजा जाए? पैसा ज्यादा नहीं था खर्च करने के लिए। सत्यदेव पांडे ने कहा, ''मैं जाऊँगा और डॉ. साहब को ले आऊँगा।'' मैंने शक से देखा—पैर की खराबी की बात थी और खुद सत्यदेव का ऊबड़-खाबड़ व्यक्तित्व, लेकिन वह अड़े रहे। ''आप मेरी बात पर यकीन कीजिए सर! मैं ठीक टाइम पर पहुँचा दूँगा उन्हें।''

सत्यदेव पांडे साइकिल पर पहले शिवाजी कॉलेज पहुँचे। वहाँ डॉ. शर्मा का भाषण सुना, उनके साथ ग्रीन पार्क गए, जहाँ वह अपने पुत्र के घर रुके थे। डॉ. शर्मा ने भोजन किया। पांडे ने भोजन करने से मना कर दिया—''रोट्टी खाके चले थे जी,'' डॉ. शर्मा ने कहा, ''हम सोएँगे थोड़ी देर।'' पांडे ने कहा, ''हम यहीं आपके

पास जागते रहेंगे, डिस्टर्ब नहीं करेंगे।'' सर ने कहा था, ''साथ छोड़ना नहीं उनका।''

ठीक टाइम पर टैक्सी में शर्माजी को लेकर सत्यदेव पांडे कॉलेज में दाखिल हुए। साइकिल टैक्सी की छत पर बँधी थी। सत्यदेव साइकिल पर गए थे उन्हें लाने।

हॉल खचाखच भरा था। दो लड़के बहस कर रहे थे। एक कहता था, ''वह हिन्दी पढ़ाते हैं।'' दूसरा कहता था, ''अंग्रेजी।'' सब चुप थे। इससे इन दोनों की बहस सुनाई पड़ती थी। पांडे ने कहा, ''चुप रहो, नहीं तो यह पहलवान है, उतरकर पीटेगा। वह नहीं तो हमीं पीटेंगे।'' लड़के चुप हो गए।

कॉलेज में आचार्य हजारी प्रसाद द्विवेदी का भाषण हुआ, बच्चनजी का हुआ। वैसी ही अपार भीड़। पांडे के जिम्मे अनुशासन-विभाग रहता।

पांडे को नौकरी इनकम टैक्स विभाग में मिली। हिन्दी अधिकारी के रूप में। कई जगह रहे। आगरा में बदली हुई तो दिल्ली से रोज ताज से आगरा जाते और रात को यमुना विहार घर पहुँचते। निजामुद्दीन तक ट्रेन पकड़ने साइकिल से। साइकिल वहीं रख देते। रात को उसी से घर लौटते। रास्ते में कभी कोई गलत आदमी मिले तो ललकार देते, ''पैलवान, पैछान नहीं रहे हो। एक ही घूँसे का काम है, दूसरे की जरूरत नहीं पड़ेगी।'' पांडे की बीवी भी नौकरी करती है। लड़का भी किरोड़ीमल कॉलेज में ही पढ़ता है। अभी एक दिन लाए थे। हिन्दी साहित्य के इतिहास में कुछ दिक्कत थी। बोले, ''गुरुजी के पास चलो। उन्होंने ही हमें भी पढ़ाया था। तुम्हें भी पढ़ाएँगे।'' आचार्य द्विवेदी, डॉ. शर्मा, बच्चनजी सबसे मिले हैं उनके घर जाकर। सबने पहचान लिया गुरुजी। हमीं ने तो उनके भाषण का प्रबन्ध किया था। पहचानते कैसे नहीं, हमने ब्यौरेवार से बताया।

छात्र हमको तंग करते थे, लेकिन कभी-कभी हमें भी उन्हें तंग करने का मौका मिलता। दरअसल तंग करने का तरीका और मुहावरा भी छात्र ही सिखा देते हैं। यह बात अध्यापकों को धीरे-धीरे मालूम हो जाती है कि छात्रों के गुरु अध्यापक होते हैं और अध्यापकों के गुरु छात्र। छात्र अध्यापकों को उनकी कमियाँ बता देते हैं। अगर आपको अपना विषय नहीं आता है या उस दिन पढ़ाने की तैयारी करके आप नहीं आए हैं और कहीं घपला कर रहे हैं तो छात्र फौरन अपने चेहरे बनाकर या किसी देह-भाषा से आपकी दयनीयता आप तक पहुँचा देंगे। मैं खुद इस स्थिति में कई बार आ चुका हूँ। केशवदास की किताबें हैं 'कविप्रिया', 'रसिकप्रिया', 'रामचन्द्रिका' आदि। उन्हें आचार्य शुक्ल ने अलंकारवादी आचार्य कहा है। एक छात्रा ने क्लास में पूछ दिया। मैं जानता तो था नहीं (अलंकार मैंने न पढ़ा है, न पढ़ाया है), पता नहीं क्या ऊटपटाँग जवाब दिया। छात्रा चुप हो गई, लेकिन वार्षिक विदाई के मौके पर उसने अस्पष्ट उत्तर देते हुए मेरे चेहरे की मुद्रा का अभिनय कर दिया। बाकायदा नाम लेकर। बिहारी के एक दोहे में 'मतीरा' शब्द आता है। राजस्थान और पश्चिम

उत्तर प्रदेश में 'मतीरा' तरबूज को कहते हैं। पहले से पाठ पढ़कर तैयार करके नहीं आया था। किताब खोली, पढ़ाना शुरू किया, तो दोहे में 'मतीरा' मौजूद। मन-ही-मन गुरुओं का स्मरण किया। उन गुरुओं का, जो मेरी तरह बिना तैयारी के क्लास में आते थे। ज्ञान हुआ, लड़कों से पूछा, ''बताओ मतीरा का मतलब।'' लेक्चर झाड़ा कि अध्यापक के सहारे मत रहा करो। जिनको आगे बढ़ना है, वे खुद पढ़ाई करके क्लास में आते हैं। आखिर में एक राजस्थानी लड़के ने अर्थ बताया। मैंने उसकी पीठ ठोकी और अध्यापन किया। ऐसे प्रसंग अनेक हैं।

लेकिन कभी-कभी छात्रों को छेड़ने का मौका मुफ्त में अनायास मिल जाता। एक छात्र थे, जो वस्तुतः अधिक वयस्क थे, जिसे ओवरएज कहते हैं। क्लास के अन्य छात्रों से उम्र में ज्यादा। ऐसी स्थिति में वह अपनी ज्यादा समझदारी का अनुचित लाभ उठाते थे। लड़के-लड़कियों के गार्जियन बनने का उन्हें शौक था। छात्र सब समझते थे, लेकिन वह वयस्कता के कारण छूट पा जाते थे। पकड़े जाते थे वह अपने नाम के कारण। माँ-बाप ने नाम रखने में परम्परा का ज्यादा खयाल रखा था। मैं हाजिरी उनका पूरा नाम लेकर पुकारता—'घसीटे लाल शर्मा।' पहले दिन क्लास में नाम लेकर पुकारा तो कोई बोला ही नहीं, मैं उन्हें पहचानता भी नहीं था। क्लास खत्म होने के बाद अकेले में मिले। बोले, ''सर, मैं ही घसीटे लाल शर्मा हूँ। लेकिन हाजिरी लेते वक्त आप मेरा नाम जी.एल. शर्मा पुकारा कीजिए।'' मैंने सोचा, ठीक है। बाद में जब मुझे उसकी कारस्तानियों का पता चला तो मैंने फिर 'घसीटे लाल शर्मा' पुकारा। अकेले में मिले तो मैंने साफ-साफ कह दिया, ''क्लास में ठीक से रहोगे तो जी. एल. शर्मा । गड़बड़ करोगे, छोटे लड़के-लड़कियों को तंग करोगे तो पूरा नाम लूँगा।'' इसका कुछ असर उनके ऊपर पड़ा।

लेकिन वजीरचन्द ऐसे छात्र थे जिनके व्यवहार से आप पता ही नहीं लगा सकते थे कि वह बेवकूफ हैं या शातिर। वह आपके प्रशंसक हैं या आलोचक। वह रो रहे हैं या क्लास के सहपाठियों को हँसा रहे हैं। वह दो ही वर्षों तक मेरे छात्र रहे, लेकिन उन्होंने जो किया, उसमें बहुत कुछ स्मरणीय और उल्लेखनीय है।

वजीरचन्द का मुख्य विषय कुछ और रहा होगा, लेकिन उनके क्लास में हिन्दी पढ़नेवाले छात्रों की संख्या अच्छी थी। वह भरी हुई क्लास के बीचोबीच वाली सीट पर बैठते थे। क्लास में निहायत गम्भीर रहते। गोरे, अपनी वय से अधिक लम्बे, थुलथुल, मोटे। पोशाक चुस्त-दुरुस्त। उनके सहपाठी छात्र कभी-कभी मुझसे प्रार्थना करते, ''सर, आज मौसम अच्छा है, पढ़ने का मन नहीं कर रहा है। वजीरचन्द का गाना हो जाए।'' यह छूट छात्र सीनियर अध्यापकों से नहीं लेते थे, नए अध्यापकों से लेते थे। मेरे-जैसे नए अध्यापकों को भ्रम पालने का मौका भी मिलता कि छात्रों में पॉपुलर हैं तभी वह हमसे ऐसी छूट लेते हैं। वजीरचन्द सुनाने को बेताब रहते। वी. शान्ताराम की एक पिक्चर का गाना सुनाते, 'ये माटी है, माटी कहानी कहेगी'-

जैसा कुछ। सामनेवाली मेज पर तबला बजाते। कभी-कभी नारी-पुरुष कंठ में गाया कोई डुयेट सुनाते। पुरुष-कंठ की, 'दिल का फसाना किसको सुनाएँ', गाते, फिर खुद कहते, 'वॉयस-चेन्ज ?' और मिमियाकर आवाज पतली बनाकर मानो नारी-कंठ से गाते, 'टूटा हुआ दिल किसको दिखाएँ।' मैं चुपचाप बैठा रहता।

एक दिन क्लास में पढ़ाई हो रही थी। निराला की कविता कोर्स में लगी थी, 'तुम तुंग हिमालय श्रृंग और मैं चंचल गति सुरसरिता'। मैं मन लगाकर पढ़ रहा था। लड़के सुन भी रहे थे। सहसा वजीरचन्द खड़े हो गए। जोर से बोले, "वाह, सर! वाह-वाह, आज आप कितना अच्छा पढ़ा रहे हैं! कमाल है सर!" पढ़ाई नष्ट-भ्रष्ट हो गई। ऐसी मुखर प्रशंसा की कि सब लड़के ठठाकर हँसने लगे। मैं अवाक्, असहाय! अपना काम करके वजीरचन्द बैठकर गम्भीर मुद्रा में आ गए। मेरी समझ में नहीं आया कि वह मूर्ख है या बदमाश।

वजीरचन्द वार्षिक परीक्षा में फेल हो गए। हिन्दी में कम नम्बर आए। प्रिंसिपल सरूप सिंह से शिकायत की, "त्रिपाठीजी मुझसे नाराज हैं, हमारी कॉपी दूसरे से जँचवाइए।" डॉ. सरूप ने डाँटकर भगा दिया, "तुम्हारी कॉपी हम जर्मनी के प्रोफेसर से जँचवाएँगे, लेकिन अगले साल।"

एक बार क्लास में वजीरचन्द खड़े हुए और भोंकार फोड़कर रोने लगे। दोनों गाल आँसुओं से तर-ब-तर। हिचकियाँ लेते हुए बोले, "सर, कितना-कितना पढ़ना है, कितना लम्बा कोर्स है, अंग्रेजी भी पढ़ें, हिन्दी भी, हिस्ट्री भी, पॉलिटिक्स भी। सर, क्या करें, इम्तिहान भी नजदीक है।" उस दिन भी उनकी सहानुभूति में पढ़ाई नहीं हो पाई।

एक दिन कॉलेज के स्टाफ रूम में बैठे हम सब अध्यापक चाय पी रहे थे और एक लम्बी-चौड़ी बहस में मशगूल थे कि किसी कमरे से कई छात्रों की बहुत जोर-जोर की आवाजें आने लगीं—कभी हँसने की, कभी तरह-तरह की आवाजें बनाने की। हममें से किसी ने कहा, "मालूम पड़ता है, कोई टीचर क्लास में नहीं पहुँच सका है—क्लास हो नहीं रही है। खाली लड़के शोर मचा रहे हैं।" डॉ. सरूप सिंह ने तत्काल कहा, "नहीं, ऐसा हाई क्वालिटी का हंगामा टीचर के बगैर नहीं हो सकता।"

गए तो पाया कि क्लास का प्रवेश-द्वार अन्दर से बन्द है। क्लास में कोई नया टीचर था। टीचर अंग्रेजी का था। इंग्लैंड का पढ़ा था, हिन्दी नहीं जानता था। पूर्वज दक्षिण अफ्रीका में बस गए थे। वह क्लास के बाहर आना चाहते थे, लड़के उन्हें छोड़ना नहीं चाहते थे। उनका इतना मनोरंजन होता था—उनके उच्चारण और हाव-भाव से। कहते हैं कि सिटकनी वजीरचन्द ने ही लगाई थी।

कई वर्षों के बाद रीगल से सिनेमा देखकर लौट रहा था। तब पार्क होटल नहीं बना था। देखा, एक दुकान के बीच वजीरचन्द खड़े हैं। वर्षों के बाद भी उनका

व्यक्तित्व वैसा ही प्रिय, आत्मीय, सहज था। दुकान में देखकर प्रसन्नता से पुलकित हो गए। ''आइए सर, आइए सर, आइए, क्या लेंगे—कुछ ठंडा...'' मैंने चारों ओर निगाह दौड़ाई तो वह शराब की एक ऊँची किस्म की दुकान थी। वजीरचन्द उस दुकान के मालिक दिखलाई पड़ते थे। कई नौकरों को हुक्म देते हुए काम करा रहे थे। मैं जल्दी से थोड़ी बातचीत करके बाहर निकल आया।

छात्र छकाते भी थे और कभी-कभी संकटमोचन भी करते थे। नौकरी लग गई थी। पक्की भी हो गई थी। नैनीताल में ऊपर-नीचे बहुत चलना पड़ता था। वहाँ मोटा नहीं हुआ था। दुबला-पतला ही बना रहा, लेकिन दिल्ली में आकर मोटा हो गया। छोटे कद का मोटा आदमी। लड़के फुसफुसाते। लोग कहते हैं कि मैं बोलने में हाथ-पाँव बहुत फेंकता हूँ। आँखें भी मटकाता हूँगा। लड़के सब ताड़ते हैं। नोट करते हैं, मौका पाकर बता भी देते हैं। एक दिन क्लास में गया तो ब्लैक बोर्ड पर अप्पू का चित्र बना था। पेट पर लिखा था—वी.एन. त्रिपाठी।

लेकिन तब तक मैं अनुभवी हो गया था। जान गया था कि कार्टून तिरस्कार का नहीं, स्वीकार की सूचना है। मैंने वह व्यंग्य-चित्र मिटाया नहीं। क्लास से निकलते समय सोचा, मैं तो पक्का मास्टर हो गया।

[नवम्बर, 2007]

जब गुरुजी को ताव आ गया

राजेन्द्रनाथ, अमिताभ बच्चन, दिनेश ठाकुर, टी. पी. जैन के अलावा कॉलेज में उन्हीं दिनों या आसपास कुलभूषण खरबन्दा और विश्वमोहन बडोला भी पढ़ते थे। कुलभूषण खरबन्दा शायद मैथमेटिक्स के छात्र थे और बडोला अंग्रेजी के। अजीब बात है, खरबन्दा की कोई छवि, मेरी स्मृति में रंगमंच के कलाकार-विद्यार्थी के रूप में नहीं है। इसकी वजह यह है कि वे छात्र रूप में भी निहायत शान्त और मितभाषी थे। अपने काम-से-काम रखनेवाले। राजेन्द्रनाथ भी इसी तरह के थे। कुलभूषण खरबन्दा जन्मजात अभिनेता हैं। मुझे उनका अभिनय बेहद पसन्द है। उनके साथ मैं सिर्फ संजीव कुमार, श्रीराम लागू और प्राण का नाम ले सकता हूँ। देहभाषा और वाचिक की ऐसी संगति! अभिनय की मितव्ययिता में अभिव्यक्ति का भरा-पूरापन। 'चक्र' फिल्म में स्मिता पाटिल उनकी पत्नी का रोल करती है। पति कुलभूषण खरबन्दा ट्रक ड्राइवर है और बाहर गया है। स्मिता अपने यार नसीरुद्दीन शाह से खुलकर शारीरिक सम्पर्क कर चुकी है। पति आ जाता है। यार भाग जाता है। थका पति खाना खाते हुए 'यार-मर्दिता' पत्नी से पूछता है, 'तेरे ओठ क्यों सूजे हैं?' पूछने का ढंग इतना चलतू है कि समझदार के लिए मनोविकारों का असीम संश्लेषण है। पत्नी के उत्तर पर वह ध्यान नहीं देता और चुपचाप, सन्तुष्ट खाना खाता जाता है। यह पति की मर्मभेदी सन्तुष्टि है। विश्वमोहन बडोला (बी.एम. बडोला) की भी अभिनय-कला बाद में उजागर हुई। शेखर जोशी ने बताया कि वह गाना बहुत अच्छा गाते हैं। रेडियो पर कुमाऊँनी-गढ़वाली प्रोग्राम में, पहाड़ी लोकगीत सुना तो दंग रह गया। इतना सधा स्वर! जरूर शास्त्रीय संगीत भी उन्होंने साधा होगा। मनोहर श्याम जोशी के 'हम लोग' में लम्पट उस्ताद की भूमिका में, हरिश्चन्द्र नौटंकी में

बहरे तबील गाते हुए। पेशे से पत्रकार और हिन्दी साहित्य में ऐसी रुचि कि कथाकार ज्ञानरंजन दिल्ली आएँ तो उन्हीं के यहाँ रुकें। होली के अवसर पर खाई जानेवाली चीजों के मर्मज्ञ। सो यह भी तब उसी कॉलेज में पढ़ते थे। खरबन्दा से मेरा परिचय नहीं के बराबर था। बडोला से टी. एस. इलियट तक पर बातचीत होती थी। बरसों बाद उन्हें फोन किया, नाम बताया तो बोले, ''आप! मास्टर साहब?'' मुझे वह मास्टर साहब ही कहते हैं।

हिन्दी ऑनर्स में एक छात्र था—कैलाश। वह अपना नाम कैलास लिखता था। निहायत शान्त, मृदु, मित-भाषी और शिष्ट। मानो बोलना जानता ही नहीं था। जहाँ दूसरे हँसी-ठठा मारकर हँसते, वहीं वह आधी इंच की मुस्कान बिखेरता। मुख-विवर थोड़ा ज्यादा चौड़ा, जैसे जयशंकर प्रसाद या पंडित भीमसेन जोशी का है। मैंने कहा, ''कैलास, तुम तो कलाकार मालूम पड़ते हो। कुछ गाते-बजाते हो?'' उसने धीमे से कहा, ''सर, मैं बाँसुरी वादक बनना चाहता हूँ, कुछ-कुछ बजाता भी हूँ।'' आप जानते हैं कि हर अध्यापक सहज रूप में अन्तत: आशीर्वादी लाल होता है। मैंने कहा, ''कैलास, तुम साधना करो, जरूर अच्छे बाँसुरीवादक बन जाओगे।'' बात आई-गई हो गई। बरसों बाद कॉलेज में पंडित भीमसेन जोशी के गायन का कार्यक्रम था। पत्नी के साथ सुनने गया। सहसा एक नौजवान ने चरण-स्पर्श करते हुए कहा, ''मैं कैलास हूँ। आपने बाँसुरी की साधना करने को कहा था। आपकी कृपा से अब मैं आकाशवाणी के संगीत विभाग में कलाकार हूँ।''

कैलास ने पहला संगीत-निर्देशन कॉलेज के ही एक नाटक मंचन में दिया। हुआ यह कि क्लास में कुछ पढ़ा रहा था। कहा कि हर साहित्य विधा को प्रभावी बनने के लिए नाट्य में रूपान्तरित होना पड़ता है। उन दिनों मैंने अमरकान्त की कहानियाँ पढ़नी शुरू की थीं और सोचता था कि 'हत्यारे' का मंचन किया जाए, तो कितना अच्छा हो! फिर मुझे पता नहीं, कैसे बात 'कफन' की चली। छात्रों ने कहा, ''हम 'कफन' का मंचन करना चाहते हैं।'' न मैं नाटक पढ़ाता था, न मेरी कोई रुचि थी। मुझे 'श्रीरामचरितमानस' और 'गोदान' में प्रसाद के नाटकों से अधिक नाट्य दिखाई पड़ता था। पता नहीं, किस झोंक में मैंने कहा, ''ठीक है, तुम लोग 'कफन' की स्क्रिप्ट तैयार करो और मुझे दिखा दो।'' उस समय कॉलेज के हिन्दी विभाग के कई उत्साही, कर्मठ, निष्ठावान और प्रतिभाशाली छात्र थे—द्वारिका प्रसाद चारुमित्र, अजय तिवारी, हरियश, त्रिलोक कौशिक, राजकुमार त्यागी। इनके मित्र अन्य विभागों के छात्र थे—शोभन, राजीव शाह, राजीव शाह का भाई, विनोद पन्त, त्रिवेणी प्रसाद। इनमें सब समान प्रतिभाशाली, शिष्ट-निष्ठावान नहीं थे, कुछ दूसरे ढंग के भी थे, लेकिन अध्यापक होने के नाते मेरा कहना मानते थे। हम सब 'कफन' के मंचन की तैयारी करने में लग गए यानी मैदाने-जंग में शरीक होने के लिए मानो कूद पड़े।

तय हुआ कि रोज तीसरे पहर क्लास खत्म होने के बाद चार बजे के आसपास कॉलेज के लॉन में बैठकर काम किया जाए। अपने से बिना कुछ खाए-पीए काम नहीं हो पाता यानी चाय-पानी चलता रहे, काम के साथ। मैं उन दिनों पान बहुत खाता था। दिन में कम-से-कम दस जोड़ा, जर्दा, किमाम के साथ, सो प्राय: हर घंटे पर चाय और चाय के बाद पान। पान लाने के लिए नीचे दुकान पर कोई चतुर विद्यार्थी जाता, लेकिन मैं ही नहीं था, बाल मंडली भी थी। तब पन्द्रह पैसे की सौ ग्राम मूँगफली मिलती थी, साथ में नमक की पुड़िया भी। एक किलो मूँगफली खरीद ली जाती। छात्र धीरे-धीरे मूँगफली छीलते हुए खाते, हम भी खाते, फिर चाय आती और बाद में पान। अगर कोई विशेष अवसर होता तो पकौड़ी या जलेबी या समोसा आता, लेकिन यह बहुत कम हो पाता। स्क्रिप्ट राजीव शाह या शोभन ने तैयार की। राजीव शाह अब मास्को में पत्रकार हैं। चारुमित्र, अजय तिवारी और साथ में हरियश जरूर रहे होंगे। स्क्रिप्ट पास की। सबने सुनी। तय हुआ कि मंडली का प्रत्येक सदस्य इसका निर्देशक होगा यानी हर काम सबकी राय लेकर किया जाएगा। हम लगभग एक-डेढ़ महीने रोज शाम को दो-तीन घंटे बैठते, खाते-पीते। मूँगफली के छिलके अखबार पर रखकर पार्क के बाहर फेंकते, लेकिन बीच में बहुत कुछ घटित हुआ। वह उल्लेखनीय है। यों समझिए कि रचना प्रक्रिया है।

पहले पात्रों का विभाजन, वितरण। घीसू—राजकुमार, शोभन—माधो। त्रिवेणी प्रसाद—जमींदार। विनोद पन्त—ठेके के दुकानदार मालिक। संगीत निर्देशक—कैलास। कॉलेज का मंच था। प्रकाश प्रबन्धक—राजीव शाह के भाई। अजय तिवारी, चारुमित्र, हरियश प्रबन्धक। रिहर्सल के वक्त हाजिर। सब ठीक, लेकिन ध्यान जब इस बात पर गया कि कहानी तो शुरू होती है प्रसव-पीड़ा की चीख-पुकार से, तब सन्नाटा छा गया। मंडली ने इस मुद्दे पर सोचा ही नहीं था। अब क्या हो ? तमाम सोच-विचार के बाद आइडिया आया कि महिला को मंच पर आने की कोई जरूरत ही नहीं है। वह पीछे से आवाज मार के चीखे, लेकिन इसके लिए भी तो महिला चाहिए। बहुत माथा-पच्ची के बाद किसी प्रतिभाशाली छात्र ने राय दी, ''सर! महिला को नेपथ्य में भी आने की क्या जरूरत है ? हम उसकी आवाज टेप कर लेंगे और उसे बजा देंगे।''

''भई वाह! क्या आइडिया है! काम ठीक।''

अब किस महिला की आवाज प्रसव-वेदना की तड़प के साथ टेप कराई जाए ? किससे प्रार्थना की जाए ? हमारे सहयोगी थे—अजित कुमार। उनकी पत्नी कवयित्री स्नेहमयी चौधरी। कॉलेज में प्राध्यापिका। वह हमारी जरूरत समझेंगी, सहयोग करेंगी। त्रिवेणी प्रसादजी, जो जमींदार का रोल करनेवाले थे, उनके यहाँ पहुँचे। साथ में मंडली के अनेक सदस्य। श्रीमती स्नेहमयी चौधरी से प्रार्थना करने की हिम्मत न अजित कुमार को पड़ी, न मुझे। कहते हैं कि स्नेहजी ने मंडली की

प्रार्थना ध्यानपूर्वक सुनी और कहा, ''इसके लिए हमीं बने हैं?'' छात्र लौटने लगे तो सोचा, त्रिपाठीजी के यहाँ हो लें। श्रीमती त्रिपाठी ही शायद तैयार हो जाएँ। श्रीमती त्रिपाठी ने पानी पिलाया, चाय के लिए पूछा, प्रार्थना सुनी तो बोलीं, ''और कामों के लिए और लोग हैं, इसके लिए हम बने हैं, भागो यहाँ से, निकलो!'' मंडली को खदेड़कर दरवाजा बन्द कर लिया। अब क्या हो? मामला ठप हो गया, लेकिन क्या हुआ? अजय तिवारी तो थे न!

अजय तिवारी संकटमोचक थे। वह केवल विशिष्ट ही नहीं, शिष्ट भी थे। उनकी खासियत थी कि जो काम सब कर सकते हैं या कोई भी कर सकता हो, उसे वह नहीं करते। हाँ, आप कहें कि अजय, यह काम तुम्हीं कर सकते हो और कोई नहीं, तब उनका रूप—'रामकाज लगि तुम्ही अवतारा। सुनतहिं भएउ पर्वताकारा' हो जाता था। उनसे कहा गया। उन्होंने बात ध्यानपूर्वक सुनी। गम्भीर हुए। बोले, ''सर, कोई बात नहीं, आपका आदेश है, अवश्य पूरा करूँगा,'' और दूसरे दिन वह एक प्रगतिशील महिला सामाजिक कार्यकर्ता को अपने साथ ले आए। उसका नाम मैं जानता था, इस समय भूल रहा हूँ—शमीम हयात या नजमा-जैसा कुछ नाम था। कॉलेज के एक कमरे में उसने प्रसव-वेदना की तड़प-चीख रिकॉर्ड कराई, लेकिन 'उजड़े हरष विषाद बसेरें' की प्रकृति के त्रिवेणी प्रसाद ने कुछ ऐसी फब्ती कस दी कि हम सबको क्लेश हुआ, लेकिन उस समय किसी को क्लेश सहलाने का अवकाश नहीं था। हमारा कर्तव्य हम सबको पुकार रहा था। मंचन की तिथि और समय तय हो गया। कार्यकारी प्रिंसिपल गणित के अध्यक्ष टी. एन. कौल थे। उन्होंने सहयोग किया। त्रिलोक कौशिक ने भिखारी की भूमिका करने का निर्णय लिया। उनकी तैयारी और अभिनय-क्षमता ने हमें चकित कर दिया। सोचा गया कि नाटक का एक थीम-सांग भी होना चाहिए। वह काम मुझे दिया गया। गाँव में सुने एक लोकगीत की तर्ज पर मैंने गीत रचा—

हे रामा कइसे हमार दिन गुजरी हे रामा
अपना तो ओढेव साला-दुसाला
हमका ओढाएव कथरी-कथरी
हे रामा कैसे हमार दिन गुजरी हे रामा
अपना तो खाएब पूड़ी-कचौड़ी, पूड़ी-कचौड़ी
हमका खवाएव बेझरी-बेझरी
हे रामा कइसे हमार दिन गुजरी!

'बेझरी' पूर्वी उत्तर प्रदेश में कई मोटे अनाजों की मोटी रोटी को कहते हैं। गाने की लय—मूल लोक धुन—बनाए रखी गई। विनोद पन्त ने मंच के ठेके पर कई बोतलें सजा दीं। बीच में एक टेबल, चश्मा लगाया और कोट-पैंट पहन लिया। मंच की सबसे ज्यादा तैयारी घीसू की भूमिकावाले राजकुमार त्यागी ने की। वह थानेदार

के लड़के थे। पुलिस लाइन में रहते थे। एक छोटा-मोटा पेड़ ही उखाड़ लाए। झोपड़ी बनाई फूस की। पेड़ उसके सामने स्थापित किया। नारियल का हुक्का पीते हुए झोपड़ी के सामने पेड़ के नीचे मचिया पर बैठे। माधो को सामने जमीन पर उकड़ूँ बैठाया। शोभन निष्ठावान थे, लेकिन राजकुमार त्यागी उनके बाप बने थे, इसलिए उनके पैर दाबते रहते। शोभन संवाद में कुछ भूल जाते। घीसू (राजकुमार त्यागी) धमकाते, ''साले, पकड़ के पीटूँगा, ठीक से क्यों नहीं बोल पाता?'' राजकुमार मंच कला से अधिक प्रतिबद्ध थे। वह शायद अपने को सचमुच शोभनरूपी माधो का बाप समझने लगे। परिणाम ऐन अन्तिम तैयारी-दृश्य (ड्रेस रिहर्सल) में सामने आया। निश्चित समय पर हॉल खचाखच भर गया था। दर्शक हॉल के ऊपर दर्शक-दीर्घा में भी बैठ गए थे। अखबारनवीस आ गए थे, रिहर्सल अन्तिम दौर में थी कि घीसू ने उठाकर माधो को पटक दिया, ''साले ठीक से बोल नहीं पाता डायलॉग। नालायक! हम सबकी नमोसी (अपमान) कराएगा।'' बाहर दर्शकों से खचाखच भरा हॉल। महीनों की तैयारी और ऐन उस वक्त जब सूत्रधार आरम्भिक वक्तव्य देने जा रहा है, प्रसव-वेदना की चीख का कैसेट बजने जा रहा है, पर्दे के पीछे घीसू ने माधो को उठाकर पटक दिया। हम सब हतबुद्धि, किंकर्तव्यविमूढ़ कि मास्टर साहब यानी बिसनाथ बिस्कोहरी को ताव आ गया। भूल गए कि वह दिल्ली विश्वविद्यालय के महाविद्यालय के लेक्चरर विश्वनाथ त्रिपाठी हैं। उन्हें दादा का गुस्सा याद आया। डपटकर बोले, ''ठीक है, तुम लोग मार-पीट करो, मेरी इज्जत खाक में मिला डालो। मुझे डराओ मत। तुम मुझे जानते नहीं। मैं अभी माइक पर जाकर सबसे माफी माँग लूँगा। चाहे जितने चप्पल, जूते, टमाटर मुझ पर पड़ें, कोई परवाह नहीं। कोई मेरा क्या कर लेगा? 15-20 दिन मैं किसी को मुँह दिखाने लायक नहीं रहूँगा, बस, यही न?''

विश्वनाथ त्रिपाठी के मुँह से फेचकुर निकल रहा था, नथुने फड़फड़ा रहे थे। बोलते हुए मानो गुस्से में हिचक-हिचककर रो रहे हों! सब शान्त, अनुशासित, सब कार्यरत प्रोग्राम के अनुसार। मैंने भाँपा, पानी पिया, माइक से बोला, ''तो आपके सामने प्रस्तुत है महाविद्यालय के विद्यार्थियों द्वारा निर्देशित प्रेमचन्द की कहानी 'कफन' का नाट्यरूप।''

घीसू, माधो मंच पर आए। कैलास ने विलक्षण प्रतिभा का परिचय दिया। जमींदार (त्रिवेणी प्रसाद) जोधपुरी कोट, साफा और पुछट्टेदार धोती में थे। त्रिलोक घिसट-घिसटकर ऐसे भीख माँग रहे थे कि भिखारियों को भी उन पर दया आ जाए।

नाटक के संवाद में द्वारिका प्रसाद चारुमित्र ने मेरी बात नहीं मानी। मेरा विचार था कि नाटक के अन्त में घीसू का नैतिक वक्तव्य काट दिया जाए जिसमें कि वह जीवन में पहली बार पेट-भर इच्छित भोजन पाने का सुख प्राप्त करके माधो से बुधिया के बारे में कहता है, 'वह स्वर्ग नहीं जाएगी तो क्या ये मोटे-मोटे धनी, रईस

जाएँगे ?' लेकिन उन्होंने घीसू को चुपके से पूरा बोलने को कह दिया था। घीसू ने संवाद बोले और उस पर करतल ध्वनि हुई। अजय तिवारी सन्तुष्ट हुए।

तदनन्तर, उस दिन कॉलेज के लॉन में बैठकर मंडली ने मूँगफली नहीं खाई। इंडियन कॉफी हाउस में बड़ा खाया, कॉफी पी। राजीव शाह और हरियश ने पूछा, ''सर, आपको कैसा लग रहा है ?''

सर ने एड़ियाँ जोड़कर फिरकी की तरह नाचते हुए कहा, ''तंग मत करो! एवरेस्ट पर आराम फरमा रहा हूँ। दौड़कर पान ले आओ, जर्दा अलग कागज की पुड़िया में बँधवा लाना।''

[दिसम्बर, 2007]

जब शिष्य से डरकर गुरुजी भागे

1963 में एक हिन्दी कविता 'परिवार' का जर्मन भाषा में अनुवाद हुआ। अनुवाद डॉ. लोथार लू.ज़े ने किया था। उन्होंने उस कविता पर एक लेख भी लिखा। इसी कविता का अनुवाद अमेरिका में जोसेफीन मिल्स ने भी किया था। अनूदित हिन्दी कविताओं के एक संकलन में इसे शामिल किया था। भूमिका में भी वह कविता उद्धृत थी। संकलन का सम्पादन अज्ञेय और विद्यानिवास मिश्र ने किया था।

कॉलेज में भित्ति-पत्रिका निकलती थी। भित्ति-पत्रिका के सम्पादक हिन्दी ऑनर्स प्रथम वर्ष के छात्र प्रेमचन्द पतंजलि थे। 'परिवार' कविता को उन्होंने पत्रिका में स्थान दिया। प्रेमचन्द पतंजलि उन विद्यार्थियों में थे जो पाजामा-कमीज पहनकर कॉलेज आते थे। किरमिच का जूता पहनते थे। व्यक्तित्व ग्रामीण निरीहता की मूर्ति। निम्न मध्यवर्गीय अभावग्रस्तता का प्रतीक। साथ ही विनम्रता में रची-बसी दृढ़ता भी कि स्वावलम्बन और परिश्रम से आगे बढ़कर कुछ बनना है। प्रेमचन्द पतंजलि हिन्दी साहित्य सभा के सभापति चुने गए। साहित्य सभा में छात्रों को सम्बोधित करने के लिए विष्णु प्रभाकर को निमंत्रित किया गया। स्वागत भाषण छात्र-सभापति को करना था। प्रेमचन्द पतंजलि स्वागत भाषण देने खड़े हुए। शुरू किया। शब्द तो हिल ही रहे थे, पैर भी हिलने लगे। किरमिच के जूते हिलने लगे, पाजामा फड़फड़ाने लगा। मैंने पीठ पर हाथ रखा। हिलना बन्द नहीं हुआ। प्रिंसिपल सरूपसिंह उठे, बोले, ''छोरे, तू तो चोक्खा बोले सै।'' हिलना बन्द हो गया।

प्रेमचन्द पतंजलि जाड़ों में भी सिर्फ कमीज पहनकर आते थे। क्लास में ठंडक लगती, नाक लाल, पानी गिरे। आँखें भी लाल। अब क्या बताऊँ—'राम की

शक्तिपूजा' कोर्स में थी। जब पंक्ति आई—'बिच्छुरित बह्नि राजीवनयन हतलक्ष्यबाण', तो सामने भयंकर शीत में भी सिर्फ कमीज पहने लाल आँखों वाले जाड़े से काँपते छात्र का बिम्ब आए।

तब के छात्र, विशेष रूप से हिन्दी के छात्रों को आज जितनी तिकड़म नहीं आती थी। अध्यापकों को तो चापलूसी और इधर का उधर करना खूब आता था लेकिन छात्रों ने इसमें निपुणता दशकों बाद प्राप्त की। सो, प्रेमचन्द पतंजलि परिश्रमपूर्वक पढ़ते रहे, परीक्षाएँ पास करते रहे, एम.ए. में उन्हें द्वितीय श्रेणी मिली। डॉ. सत्यदेव चौधरी के निर्देशन में पी-एच.डी. की, लेकिन नौकरी नहीं मिली। वे तलाश करते रहे। इसी दौरान उनसे मेरी फिर नजदीकी बढ़ी।

मेरी दूसरी बेटी दुनिया में आनेवाली थी। पैसों का इन्तजाम करना था। विभाग के भाषाविद् और स्नेही अध्यापक ने कहा, ''डिक्शनरी बनाने में सहयोग करो तो कुछ हो जाए।'' ऑफर दिया—ऑक्सफोर्ड डिक्शनरी का हिन्दी अनुवाद करो। प्रति पेज एक रुपया मिलेगा। सोचा, दो पेज रोज कर लूँगा। इस तरह महीने में 60 रुपए हो जाएँगे। तब तनख्वाह कुल 350 रुपए महीने थी। अनुवाद शुरू किया। भाषाविद् को दिखाया तो बोले, ''आप परिश्रम करें तो बहुत अच्छी डिक्शनरी बना सकते हैं। काम में डटे रहिए।'' मेरे डटे रहने के ही दौरान प्रेमचन्द पतंजलि आए। न नौकरी थी, न काम। मैंने प्रस्ताव रखा, ''भाई, ऐसा करो, आधा पेज तुम करो, आधा पेज मैं। अठन्नी तुम और अठन्नी मैं।'' वे तैयार हो गए। कुछ दिन हम लोगों ने साथ-साथ काम भी किया। यशपाल की कहानी है—'दुखी-दुखी।' यहाँ अध्यापक और शिष्य दुखी-दुखी थे। यशपाल की कहानी में बेरोजगार युवक और ग्राहक तलाशती वेश्या दुखी-दुखी हैं। जाहिर है, हम दोनों ज्यादा देर तक डटे नहीं रह पाए और डिक्शनरी बनाने से रह गए।

प्रेमचन्द पतंजलि कालान्तर में पूर्वांचल विश्वविद्यालय के वाइस चांसलर हुए। बी. आर. अम्बेडकर कॉलेज के प्रिंसिपल हुए। अपने प्राय: सभी पूर्व अध्यापकों को प्राइमरी स्कूल से लेकर विश्वविद्यालय तक के अध्यापकों को कॉलेज में कई बार बुलाकर उन्होंने सम्मानित किया। वाइस चांसलर रहते हुए मुझे जौनपुर बुलाया। कुलपति निवास में ही अपने साथ टिकाया। दो दिन मेरी सेवा-शुश्रूषा की। एक दिन सवेरे फोन आया, ''गुरुजी, भागलपुर से बोल रहा हूँ। यहाँ का वाइस चांसलर हो गया हूँ।'' स्वभाव एकरस—अठन्नी प्रति पेज का अनुवादक, पाजामा और किरमिच का जूता पहननेवाला विद्यार्थी और वाइस चांसलर! सभी रूपों में। अब अवकाश-प्राप्त हैं। उस जीवन के प्रसंग उनको मुझसे ज्यादा याद हैं।

प्रेमचन्द पतंजलि के साथ एक छात्र थे—सतीश वशिष्ठ। मेरा खयाल है कि उनके एक हाथ में कोई कमी थी। हिन्दी साहित्य में उनकी गहरी रुचि थी।

सतीश वशिष्ठ 'हिन्दुस्तान' में सम्पादकीय विभाग में काम करने लगे थे। वे कई बार मेरे घर आए मिलने। हर बार मैं घर पर नहीं था। कुछ दिनों बाद उनकी असामयिक मृत्यु हो गई। लेकिन छात्र रूप में उनका एक ऐसा भाषण याद है जो मैं कभी भूल नहीं पाऊँगा। उनसे और ज्यादा न मिल पाने की हूक मुझे हमेशा सालती रहेगी।

उन दिनों छात्रों-अध्यापकों का मेल-मिलाप कहीं ज्यादा होता था। छात्र शादी-ब्याह में, जागरण में घर बुलाते थे। उनके परिवार के सदस्य भी मिलने आते थे। छात्रों की संस्था-अध्यापकों से मिलने, उनको सम्मानित करने या उनसे आत्मीयता जताने का अवसर ढूँढ़ा करती थी। वे एक दूसरे के लिए ज्यादा प्राप्त होते थे। मुझे पी-एच.डी. की उपाधि मिली तो छात्रों ने समारोह किया। उसमें छात्रों की ओर से सतीश वशिष्ठ बोले, ''सर ने हमें प्रथम वर्ष में कबीर पढ़ाया था। कबीर के एकाध दोहे पढ़ाए, फिर किताब बन्द कर दी। कहा—'क्षमा कीजिएगा, कबीर बाद में पढ़ाऊँगा। सत्र की शुरुआत और आप जैसे किशोर नवयुवकों को पढ़ाना कबीर से नहीं शुरू करूँगा।' हममें से एक ने पूछा—'क्यों सर, कबीर तो बहुत बड़े कवि हैं।' त्रिपाठी जी ने कहा—'बहुत बड़े कवि तो वे हैं ही, किन्तु पाठ्यक्रम में जो दोहे संकलित किए गए हैं, वे अधिकांशतः मृत्यु से सम्बन्धित हैं—जगत चबैना काल का, माली आवत देखकर, चलती चक्की देखकर, आदि। मैं नवयुवक छात्र-छात्राओं को पढ़ाने का प्रारम्भ मृत्युबोध से नहीं, जीवन-संघर्ष के बोध से करना चाहता हूँ।' ''

मैं इस घटना को भूल गया था। इतनी गम्भीरता से वह बात मैंने कही भी नहीं थी। लेकिन मैंने गहराई से अनुभव किया कि सतीश वशिष्ठ ने मेरे इस कथन को कितनी गहराई से अनुभव किया! उसने इस घटना को बहुत व्यापकतर सन्दर्भ और परिप्रेक्ष्य में देखकर, उसे मेरी संवेदनशीलता का लक्षण माना। मैंने अनुभव किया कि सतीश वशिष्ठ इसी वय में, प्रथम वर्ष का छात्र होने की वय में ही कितना सदाचारी और संवेदनशील है! आगे चलकर कबीर साहित्य में मेरी जो रुचि जगी, उसमें प्रथम वर्षीय बी.ए. के छात्र सतीश वशिष्ठ के उस भाषण का हाथ है।

कॉलेज के छात्र विविध प्रवृत्तियों और कोटियों के थे। दिल्ली शहर के छात्र प्रायः एक तरह के। उच्च अफसरों, धनिक व्यापारियों की सन्तानें प्रायः कायदे से बनी-बनाई शिष्टता में रहते, हिन्दी के अध्यापकों से बहुत घुलते-मिलते नहीं। वे मुख्य विषय के रूप में हिन्दी पढ़ते भी नहीं। विज्ञान या समाजशास्त्र में ऑनर्स करते। हिन्दी ज्यादातर शहराती निम्न मध्यवर्गीय परिवारों के छात्र पढ़ते या हरियाणा के किसान-पुत्र। वे एन.सी.सी. में जरूर रहते। या तो वे बी.एड. करके हायर सेकंडरी में हिन्दी अध्यापक होना चाहते या पुलिस, या सेना में

भरती होने की ख्वाहिश रखते। लेकिन किसान परिवार के छात्रों में से कुछ की जिन्दगियों ने अजीब मोड़ लिया। एक विद्यार्थी था—नाम कोशिश करके याद कर रहा हूँ, बलवन्त माथुर जैसा कुछ। अजीब अल्पभाषी, गोरा चिट्टा, हाथ-पाँव दुरुस्त, लेकिन उनमें खास तरह का श्रमजीवी कसाव, उँगलियाँ नरम-कोमल नहीं। हरियाणा के छात्रों की लिखावट इसीलिए प्राय: सुलेख नहीं होती। उँगलियाँ और पंजे सख्त होने के कारण। लड़कियों की लिखावट अच्छी होती। खैर, बलवन्त माथुर चुप रहते और पता नहीं क्यों अक्सर मुस्कुराते रहते मुझे देखकर। निहायत आत्मीय स्निग्ध मुस्कुराहट। पढ़ाई-लिखाई में कैसे थे, यह जानने का मौका ही नहीं मिला। उन्होंने बी.ए. किया या नहीं, यह भी मुझे ठीक से नहीं पता। यह जरूर याद है कि एक दिन वे स्टाफ रूम में चुपके से आए। मुझसे फुसफुसाए, "गुरुजी, आपसे कुछ काम है, उधर चलिए।" मैं उनके साथ हो लिया। एक खाली क्लासरूम में पहुँचकर इधर-उधर देखा, झोले में से कपड़े में बँधी कोई चीज मुझे दी और कहा, "घर का बना हुआ खोया है ताजा, आप खा लीजिएगा। बुरा मत मानिएगा। मेरा मन हुआ, आपके लिए ले आया।" मुझे बहुत अच्छा लगा। यों भी मैं जिभ चटोर हूँ। मन में पता नहीं कैसा अच्छा-अच्छा लगा!

बलवन्त माथुर का बहुत दिनों तक कोई पता नहीं चला। एक दिन दौड़कर डी. टी. सी. की एक बस में चढ़ा। बस छूट ही रही थी कि मैं चढ़ गया। कंडक्टर से टिकट लेने को पैसे निकाले। कंडक्टर ने कहा, "गुरुजी, रहने दीजिए।" मैंने देखा—बलवन्त माथुर थे। वैसे ही मुस्कुरा रहे थे। टिकट ऐसे दे रहे थे मानो घर का ताजा खोया दे रहे हों! कम छात्रों ने इतनी कीमती गुरु-दक्षिणा दी होगी।

मैंने पूछा, "बलवन्त, कहाँ थे? तुमने आगे पढ़ाई क्यों नहीं की?" बलवन्त मुस्कराए, बोले, "गुरुजी, एक मामले में फँस गया था। खेत के लिए झगड़ा हो गया था। झगड़ा अक्सर होता रहता। कॉलेज से पढ़कर घर जाता तो आए दिन लाठी चलानी पड़ती। एक दिन खेत में काम कर रहा था। झगड़ा होने लगा। उस दिन लाठी से नहीं, कुदाल से मारा। उसका पैर कट गया। पकड़ा गया। थाना-पुलिस हुई। मुकदमा चला। मुश्किल से छूट पाया। खेती खत्म हो गई। पढ़ाई चौपट। अब डी.टी.सी. में कंडक्टर हो गया।"

बलवन्त मुस्कुरा वैसे ही रहे थे, जैसे पूर्व जन्म के योगी रहे होंगे—योगभ्रष्ट साधक!

श्री कृष्णलाल अरोरा गाँव के ही थे। पंजाब खोड़ गाँव के। कहते हैं, इसी गाँव में मेनका गांधी के पिता ने आत्महत्या की थी। कृष्णलाल गाँव के थे लेकिन मानसिकता में शहर के थे। यथास्थिति के अनुसार जीवन को ढालने वाले। निष्ठा के साथ व्यावहारिक बुद्धि से काम लेनेवाले। उनकी ओर ध्यान इस

बात से गया कि वे कद में छोटे, पतले और बुद्धिमान थे। उनकी स्मरणशक्ति से हम सब अध्यापक प्रभावित थे। एक बार बीच में उन्होंने पढ़ाई छोड़ दी। फिर पढ़ने आए। मेरे यहाँ काफी आते। गम्भीरता से कहते—'अब आप अच्छा पढ़ाते हैं', मानो निर्णय देते। कहना यह चाहते कि पहले आप अच्छा नहीं पढ़ाते थे। कृष्णलाल की बहुत जिद हुई कि एक बार उनके गाँव चलूँ। मैं गाँव बेगमपुर लेखराज यादव के यहाँ जाता था। लेखराज यादव कृष्णलाल के क्लासफेलो थे। सोचा, दोनों के यहाँ एक ही दिन हो लूँगा। बस नं. 114 में बैठा। उनके गाँव पहुँचा। कृष्णलाल का आतिथ्य अभूतपूर्व था। पहुँचते ही उन्होंने एक बड़ी तश्तरी में हरी साग के कोमल पत्ते रख दिए। "खा के देखिए तो सर!" मैं इनका स्वाद जानता था। वे मटर के कोमल टूसे थे। नमक के साथ बचपन में खूब खाए थे। चित्त प्रसन्न हो गया। मान गया कृष्णलाल अरोरा की रुचि को। फिर वे गाँव के बाहर एक मुर्गी फार्म में ले गए। चार ताजा अंडों का आमलेट खिलाया। फिर घर के खोए की बर्फी खिलाई। माना कि मैं पेटू हूँ और ज्यादा खाने के कारण कई बार मरते-मरते बचा हूँ लेकिन पेट तो सीमित मात्रा ही ग्रहण कर सकता है। श्री कृष्णलाल के यहाँ मध्याह्न भोजन अभी बाकी था। वह अड़े थे, 'आप माँ के हाथ की रोटी खाकर देखेंगे कि क्या रोटी है!' मैं बहुत ध्यान रख रहा था उनकी भावनाओं का, लेकिन मैं यह भी समझता था कि अब खाया तो आज दिल्ली नहीं पहुँच पाऊँगा। मैंने बहुत आजिजी की। वे न माने। फिर मैंने क्रोध किया, डाँटा और रास्ते में उनके घर से दौड़ते हुए भागा। बस पकड़ी और बेगमपुरा उतरा।

जैसे ही बस स्टैंड पर उतरा, दूसरी बस से श्री कृष्णलाल अरोरा उतरे। बोले, "मैं जानता था कि आप बेगमपुर लेखराज यादव के यहाँ जाएँगे।" मैंने कहा, "मैं वहाँ सोने जा रहा हूँ। वहाँ तीन घंटे सोकर दिल्ली की बस पकड़ूँगा।" अरोरा बोला, "कोई बात नहीं सर, वैसे आप रोटी खा लेते तो देखते कि माँ कैसी रोटी बनाती है।"

"फिर कभी देख लेंगे कृष्णलाल।"

श्री कृष्णलाल अरोरा ने एम.ए. किया। प्रथम श्रेणी में पी-एच.डी. की भाषा-विज्ञान में। वे मेरे यहाँ उस घटना के बाद भी आते रहे और आत्मीय बने रहे। एक दिन वे आए। गम्भीर थे। घर पर कोई नहीं था। बैठ गए। बोले, "सर! अब मैं लगभग तीन-चार साल के बाद आपके यहाँ आऊँगा।"

"क्यों, कृष्णलाल, क्या विदेश जा रहे हो?"

"नहीं सर, विदेश नहीं जा रहा हूँ, पी-एच.डी. कर रहा हूँ आपकी ही यूनिवर्सिटी से।"

"तो क्यों नहीं आओगे तीन-चार साल तक?"

''सर, बात यह है कि जो मेरे गाइड हैं, उनकी बातचीत से मैंने लगा लिया कि वे आपको पसन्द नहीं करते हैं। आपके यहाँ आऊँगा तो वे नाराज हो जाएँगे। मेरे लिए यह अच्छा नहीं होगा। करियर का सवाल है सर! मैं सच बोलने में विश्वास करता हूँ और आपसे कुछ छिपाना नहीं चाहता। सर, गुरु-शिष्य के बीच ट्रांसपैरेंसी तो होनी ही चाहिए।''

[जनवरी, 2008]

उन छात्रों की याद आती है

हिन्दी विभाग विश्वविद्यालय के अन्य विभागों से थोड़ा अलग होता है। उसमें देसीपना, भदेस और उजड्डपन भी रहता है। विद्यार्थियों में गुरु-भक्ति अपेक्षाकृत ज्यादा होती है। काव्य-गोष्ठियाँ, वाद-विवाद प्रतियोगिताएँ ज्यादा होती हैं और साहित्यकारों के रूप में वक्ता, कवि, आलोचक, कथाकार आते रहते हैं। विद्यार्थी ज्यादातर निम्नमध्यवर्गीय, निम्नवर्गीय होते हैं। अब बहुत हाल में प्रशासकीय सेवाओं में हिन्दी के विद्यार्थियों का चयन भी होने लगा है। कुल मिलाकर वहाँ वातावरण अपेक्षाकृत अनुशासित रहता है, दिल्ली विश्वविद्यालय में विशेष रूप से। ऐसे छात्रों की काफी संख्या होती है, जो पढ़ाई के साथ कुछ समय के लिए नौकरी भी करते हैं।

नवें दशक से दो बातें विशेष रूप से दिखलाई पड़ीं। एक तो बिहार से आनेवाले छात्रों की संख्या में उल्लेखनीय बढ़ोतरी हुई। ये छात्र प्रायः पढ़ने-लिखने में रुचि लेनेवाले और सचेत होते हैं, थोड़े अपने ढब के भी होते हैं, प्रायः राजनीति में सक्रिय दिलचस्पी लेनेवाले होते हैं। वे अन्य विद्यार्थियों से प्रतियोगिता में पीछे रहना पसन्द नहीं करते।

दूसरी बात यह हुई कि शोध छात्रों को राष्ट्रीय प्रतियोगिता, नेट, जे. आर. एफ. में अच्छी रकम छात्रवृत्ति के रूप में मिलने लगी। अक्सर यह होता कि अच्छे छात्र छह हजार-सात हजार प्रति मास की छात्रवृत्ति पाँच वर्षों तक लेते और किसी प्रतियोगिता में सफल होकर अच्छी नौकरी भी पा जाते। बेशक, ऐसे विद्यार्थियों की संख्या ज्यादा नहीं होती। ऐसे छात्र भी होते, जो प्रतियोगिता में

सफल होने की क्षमता रखते, लेकिन अध्यापक ही बनते। एकाध उदाहरण ऐसे भी हैं कि विश्वविद्यालय की नौकरी छोड़कर सक्रिय राजनीति में पूर्णकालिक काम करने लगे हैं।

मेरे अनेक विद्यार्थी ऐसे भी थे, जो हमें बीच में ही छोड़कर चले गए। कहीं और नहीं, हमेशा के लिए हमें छोड़ गए। निहायत आत्मीय, प्रतिभाशाली छात्र। उनकी याद से हूक-सी उठती है। हमारी स्मृति-चेतना विवश-चीख करती है और चुप हो जाती है। मैं आपको पहले उस विद्यार्थी के बारे में बताऊँगा, जिसके बारे में यह भी नहीं पता चला कि वह कहाँ और कैसे मरा? वह मरा भी या नहीं? बस, यह पता है कि वह पिछले डेढ़ दशकों से लापता है।

श्रीप्रकाश का रंग काफी दबा था। औसत से लम्बा-पतला। जरूरत से ज्यादा हँसता। हँसने का एक ढब था। हकलाता था, काफी हकलाता था। बात शुरू करता। कुछ कह लेता फिर हकलाने लगता। कोशिश करने पर भी अपनी बात नहीं कह पाता, तो बेबस होकर हँसने लगता। अपनी बेबसी पर हँसने लगता। सफेद दाँतों की पंक्ति चमकने लगती। हँसता रहता, फिर हँसते-हँसते ही बातें करता, हकलाता। हमारे मन में परेशान-करुणा पैदा करता। एम.फिल. में मेरा छात्र नहीं था। उसके निर्देशक कोई और थे।

विश्वविद्यालय में क्लास लेने के बाद तीसरे पहर मैं अक्सर छात्रों के साथ बैठकर गप मारता था। झोला लिये रहता था। झोला फटा था। चलते समय कन्धे पर झूलता रहता। कॉलेज से विश्वविद्यालय की आर्ट्स फैकल्टी में पढ़ाने लगा, तो समर्थ, सीनियर शुभचिन्तकों ने राय दी, ''अब झोला त्याग दो।'' मैंने सोचा, 'चोला छूट जाए, लेकिन झोला नहीं छूटेगा।' छात्रों के साथ बैठकबाजी भी नहीं छूटी, झोला भी नहीं छूटा। मेरे अध्यापक जीवन पर झोले का प्रभाव है। उससे छात्र परच जाते थे। खासतौर पर मामूली या उपेक्षित छात्र।

एक दिन श्रीप्रकाश घर आए। उदास, गमगीन।

''मुझे कोई अपने साथ रखना नहीं चाहता। लोग दर्शनीय शिष्यों के सुपरवाइजर बनना चाहते हैं। मैं हकलाता हूँ, लोग पीठ पीछे मुझे 'मेंटल' कहते हैं। मैं क्या करूँ? आप मुझे अपने निर्देशन में रख लीजिए। मैंने पता लगा लिया है, आपके पास जगह खाली है।''

मैंने सोचा, ढोंगी है। चालाकी से अन्य अध्यापकों की आलोचना कर रहा है। टरका दिया, लेकिन वह आता रहा।

एक दिन आया। बोला कुछ नहीं। चाय पिलाई। वह चाय पीते-पीते सुबक-सुबकर रोने लगा। रोता जाता, हकला-हकलाकर बोलता जाता। बीच-बीच में बोलना बन्द करके मुस्कुराता भी। मैं उसका सुपरवाइजर हो गया। मुझे जहाँ तक याद पड़ता है, उसका विषय था, 'रेणु-साहित्य में राजनीतिक चेतना।'

मेरा एक और शोध छात्र था—संजय कुमार। श्रीप्रकाश मेरे यहाँ प्राय: उसी के साथ आते। संजय कुमार भी बिहार के थे। छपरा के। श्रीप्रकाश मुजफ्फरपुर के थे।

श्रीप्रकाश ठीक से बोल नहीं पाते थे, लेकिन पढ़ने में तेज थे। प्रथम श्रेणी के विद्यार्थी तो थे ही। नेट और जे.आर.एफ. में भी नम्बर आ गया था। अच्छी-खासी छात्रवृत्ति पाते थे। वे अपने हकलाने से उत्पन्न स्थितियों का वर्णन रस लेकर करते। अपने घर की स्थिति बताते हुए खिन्न, उदास हो जाते। मानो कहीं दूर चले जाते।

सुनाया, ''मैं बस में जा रहा था। देखता था, टिकट चेकर आता है, तो लड़के कह देते हैं, 'स्टाफ' और टिकट चेकर चुपचाप बिना टिकट माँगे या देखे, आगे बढ़ जाता है। मेरे पास टिकट चेकर आया तो मैंने हकलाकर कहा, 'स्टाफ'। बताया, 'स्...टा...फ'। टिकट चेकर मुझे देखता रहा। हटा नहीं। मैंने समझाया, 'रि...रिसर्च कर रहा हूँ।' टिकट चेकर समझ गया, बोला, 'प्...प्...ढ़ते ज्...जा्...इए, प्...प्...ढ़ते ज्...जा्...इए।''

सुनाते-सुनाते श्रीप्रकाश प्...प्...ढ़ते ज्...जा्...हँसते जाते, ऐसे कि खुद उनकी आँखों में आँसू आ रहे थे। हम श्रोता जरूर अवाक् थे।

श्रीप्रकाश हाथ देखकर भाग्यफल भी बताते थे। अपने सभी सहपाठियों, सहपाठिनियों का हाथ देखकर भाग्यफल बता चुके थे। मेरे एक शोध छात्र नीरज की उँगलियाँ दबाईं। चेतावनी दी, आपमें आत्महत्या की प्रवृत्ति है। बच के रहना। नाना प्रकार की अँगूठियाँ भी पहनने की सलाह देते थे। खुद भी अँगूठियाँ धारण करते थे। कुछ लोगों का कहना था, श्रीप्रकाश कामभर के रसिक भी हैं। हाथ दिखाने सहपाठियों से ज्यादा सहपाठिनियाँ आती हैं।

वे अपने घर की बात करते समय बेहद उदास होते। श्रीप्रकाश कायस्थ थे, घर में कई बहनें थीं। बहनों की उम्र शादी करने लायक थी। शादी हो नहीं रही थी। एकाध बार शादी तय हो गई, फिर टूट गई। पैसे की कमी की वजह से। कई भाई थे। श्रीप्रकाश कुछ कमाकर घर पर दे नहीं पाते थे। लोग ताना मारते थे। श्रीप्रकाश को घर में 'मेंटल' समझा जाता। वे कई बार घर से निकलते कहीं के लिए, चले जाते कहीं और। लोग ढूँढ़ने निकलते, परेशान होते, फिर लोगों ने मन मार लिया। कहाँ तक परेशान हों? कहते, 'बउरहा, धउरहा है, कहीं चला गया होगा।' घरवाले और विशेष रूप से पिता बात-बात पर डाँटते और लोग उपेक्षा करते। श्रीप्रकाश का मन किसी वजह से घर जाने का नहीं होता। थे स्वाभिमानी। सोचते—'काश, मैं हकला न होता!'

मुझसे तस्दीक कराते, ''सर, मैं ठीक हो सकता हूँ?''

मैं कहता, ''तुम ठीक हो, और बेहतर हो जाओगे।'' अनेक उदाहरण देता, ''यह शारीरिक रोग नहीं, आत्मविश्वास की कमी है।''

श्रीप्रकाश सशंक होकर पूछते, "सर, मैं 'म...मेंटल' तो नहीं हूँ न?"

मैं कहता, "बिलकुल नहीं।"

वे हँसने लगते। हँसी में मेरी बात पर अविश्वास और आत्म-व्यंग्य की आवाज आती, चेहरे पर भी झलकता। कई बार महीनों नहीं आते। पता नहीं कहाँ रहते? आते तो बताते, "पढ़ने-लिखने में मन नहीं लगता। पढ़ने बैठता हूँ, तो बहनें याद आ जाती हैं, पिता की डाँट याद आती है। किसी से कुछ कह नहीं सकता। घबराहट में मुँह से कुछ निकलता ही नहीं।" फिर मुस्कुराने लगते। निराशा, आत्मविश्वास की कमी मानो तट-सीमा पर पहुँचकर क्षीण होने लगती या कि वे अपने को दूसरों की निगाह से देखकर उन्हीं की तरह अपने पर ही हँसने-मुस्कुराने लगते। मैं बहुत परेशान हो उठता। वे काम बिलकुल नहीं करते या बहुत कम करते। मुझे उनकी रपट सन्तोषजनक लिखकर ही अग्रसारित करनी पड़ती, तभी उन्हें छात्रवृत्ति मिलती। मैं खीझता, उनसे काम करने को कहता।

मुझे याद है, वे एक बार आए। बोले, "अब मैं पहले से बेहतर फील करता हूँ, दवाई असर कर रही है। मेरा मन पढ़ने में लगता भी है। कुछ लिखा है, दिखाऊँगा। मैं चार महीने में शोध प्रबन्ध लिखकर जमा कर दूँगा।" बहुत उत्साहित थे। यह भी बताया, "एक बहन की शादी भी ठीक हो गई है। नौकरी तो नहीं लगी है, लेकिन स्कॉलरशिप में से दस हजार रुपए पिताजी को दे आया हूँ। बहन की शादी में खर्च करने के लिए। आप भी शादी में चलते तो अच्छा रहता।"

मैंने कहा, "श्रीप्रकाश, तुम्हारी शादी में चलूँगा। लड़की की शादी में बारातवालों की खातिरदारी में लगे रहोगे। तुम्हारी शादी में लड़कीवाले गुरुजी की अच्छी खातिरदारी करेंगे।"

श्रीप्रकाश शरमाए, मुस्कराए। मैंने सोचा—ठीक है।

श्रीप्रकाश घर गए। तब से लौटकर दिल्ली नहीं आए। इसके पहले भी कई बार ऐसा होता था कि वे मुजफ्फरपुर जाते थे, तीन-चार महीने तक पता नहीं चलता था। संजय कुमार कहते, "सर, पता नहीं चल रहा है, लेकिन कहीं-न-कहीं से वह आ जाएगा।"

और श्रीप्रकाश एक दिन अकेले या अपने साथी के साथ मुस्कुराते हुए घर में प्रवेश करते। विस्तार से बताते, कहाँ चले गए थे और क्यों देर हो गई। हमने सोचा, इस बार भी वे हमेशा की तरह ज्यादा-से-ज्यादा तीन-चार महीने में आ जाएँगे। उम्मीद टूटने की कोई खास वजह नहीं थी। जिस ट्रेन से वे दिल्ली के लिए रवाना हुए थे, उसका पता लगा लिया। यह भी कि वे पटना तक आए। इसके बाद पता नहीं चलता। कहते हैं कि वे नदी पर गुजरती हुई ट्रेन के वक्त बहुत प्रसन्न होते। कहते कि मन होता है, नदी में कूद पड़ूँ।

जब कई महीने हो गए, तो उनके पिताजी ने मुझे फोन किया, "श्रीप्रकाश दिल्ली में तो नहीं है?"

मैंने कहा, "नहीं, उसके दोस्तों को भी उसका कोई पता नहीं है।"

उसके पिताजी दिल्ली आए। उसके दोस्तों से मिले। किसी से कोई पता नहीं चला। लोगों को कहते सुना गया कि वह सोन या गंडक में चलती हुई ट्रेन से कूद न पड़ा हो। ऐसा क्यों हुआ, कोई नहीं जानता। एक कारण उसकी घोर निराशा का यह हो सकता है कि उसकी बहन की शादी में कुछ गड़बड़ी फिर हो गई थी। मुझे याद पड़ता है कि वह परिवार में सबसे ज्यादा बहनों को ही चाहता था। यकीन ही नहीं होता कि श्रीप्रकाश अब नहीं आएगा। सामने बैठकर मुस्कुराएगा और हँसेगा नहीं—सफेद दाँतोंवाली निश्छल हँसी! उसके पास हँसने के सिवाय और रास्ता क्या था?

अध्यापकीय जीवन-यात्रा में कई छात्र-छात्राओं की मौत का समाचार मिला है। अध्यापक माँ-बाप नहीं होता। कभी-कभी होता भी है। वह कुछ ऐसा भी होता है, जो माँ-बाप नहीं होते। माँ-बाप का दु:ख असहनीय होता है, वे रोते-धोते भी हैं। सन्तानों की संख्या दो-चार सीमित होती है। छात्रों की बहुत ज्यादा। सभी छात्र इतने प्रिय या आत्मीय नहीं होते। आत्मीय हों भी, तो यह कहकर नहीं बताया जाता है, लेकिन श्रीप्रकाश-जैसे छात्रों की मृत्यु पर मन मसोसकर रह जाना पड़ता है।

एक और छात्र की मृत्यु आँखों देखी—दीपक की। वह दूसरी तरह का था। श्रीप्रकाश को जानता था। श्रीप्रकाश की बात उससे करो तो खूब हँसता था। दीपक की बात फिर करूँगा। अभी मुझे एक छात्रा की याद आ रही है। हर्ष की। एम.ए. में पढ़ती थी। सुशील, सलोनी। पढ़ने में अच्छी रही होगी, क्योंकि वह मेरे मित्र प्रो. नित्यानन्द तिवारी के निर्देशन में शोध कर रही थी। प्रसन्न वदन, निर्मल हँसी के साथ मिलती। देखते ही वात्सल्य उमड़ता। एक अनौपचारिक सम्मान व श्रद्धा का भाव उसके व्यवहार में रहता। सम्पन्न घर की नहीं थी और जिम्मेदारियों को निभा रही थी। मैंने पूछा, "तुम कुछ और काम क्यों नहीं कर लेतीं? पढ़ने के साथ-साथ कुछ कमाने का भी।"

उसने कहा, "सर, विभाग आज्ञा नहीं देता। कहते हैं कि पी-एच.डी. का शोध-कार्य करते समय कहीं और कोई काम नहीं कर सकते।"

मेरे मुख पर चिन्ता का भाव आया होगा, मैंने देखा, वह मुस्करा रही है। बोली, "सर, मैं एक जगह, हाईस्कूल में पढ़ा रही हूँ। किसी को बताया नहीं है।"

मैंने गम्भीरता से कहा, "बताना भी नहीं।"

यह जानकर मैं आश्वस्त हुआ कि हर्ष सीधी है और दुनिया में बने रहने-भर को चतुर भी है। समाचार मिला कि उसकी शादी हो गई। सोचा कि हर्ष-जैसी

लड़की जहाँ रहेगी, सुखी रहेगी और सुखी रखेगी। फिर लगभग सालभर तक उसके बारे में कुछ नहीं सुना। सोचा कि सब ठीक होगा। एक दिन अखबार में पढ़ा कि एक नवविवाहिता की आकस्मिक मृत्यु हो गई। आगे पढ़ा-तो-पढ़ा कि वधू का नाम हर्ष था। मन को किसी तरह बाँधा कि हर्ष नाम की तो कई लड़कियाँ होंगी। कुछ भी हो, उसकी याद आज भी मेरे हृदय में सुरक्षित है। जिस हर्ष का नाम अखबार में छपा था, वह वही हर्ष थी।

[फरवरी, 2008]

जो जला, वह सुगन्धि बिखेरेगा

उच्चतर कक्षाओं में हिन्दी पढ़नेवाले विद्यार्थियों में छात्राओं की संख्या अधिक होती है। कभी-कभी तो ऐसा भी हुआ है कि पूरी क्लास में कोई लड़का नहीं या एकाध ही। छात्राएँ भी प्रायः निम्न मध्यवर्ग की होती हैं। छात्राओं की बढ़ती संख्या शिक्षा-प्रसार की सूचक है। आजादी के बाद के भारत में। विश्वविद्यालयों में ऊँची क्लासों में छात्र-छात्राएँ साथ-साथ पढ़ते हैं। उन्हें उठने-बैठने की काफी स्वतंत्रता मिलती है। परम्परा से दबकर रहने की घुटन से थोड़े दिनों के ही लिए सही, उन्हें छुट्टी मिल जाती है। पढ़-लिख जाती हैं। अच्छे नम्बर मिल जाते हैं, तो उन्हें नौकरी भी मिल जाती है, और नौकरी मिलते ही उनकी दुनिया बदल जाती है। हरिशंकर परसाई ने लिखा है कि नौकरी शुरू करते ही लड़की, लड़का हो जाती है।

विश्वविद्यालयों में भारत का सामाजिक परिवर्तन बहुत अच्छी तरह दिखलाई पड़ता है। बेशक, अधिकांशतः नगरों, महानगरों में घटित हो रहा है सामाजिक परिवर्तन।

सामाजिक परिवर्तन का यह महाविद्यालयीय दृश्य भी जटिल और अनेक परतोंवाला है। निम्न मध्यवर्ग से आनेवाली पारम्परिक परिवारों की लड़कियाँ दब्बू-सहमी हुई, सशंक होती हैं—घरवाले सुनेंगे तो क्या कहेंगे? लेकिन धीरे-धीरे वे नए वातावरण में सहज होने लगती हैं, तब रूढ़िग्रस्त पारिवारिक संस्कारों में तनाव पैदा हो जाता है। वे इस तनाव को झेलती हैं। शादी के बाद प्रायः वे फिर नौकरी न मिलने पर पुराने दमघोंटू वातावरण में लौट जाती हैं।

पढ़िए गीता/बनिए सीता/फिर इन सब में लगा पलीता
किसी मूर्ख की हो परिणीता/निज घर-बार बसाइए

होंय कँटीली/आँखें गीली/लकड़ी सीली/तबीयत ढीली
घर की सबसे बड़ी पतीली/भरकर भात पसाइए

—रघुवीर सहाय

पढ़ाई के दौरान इन लड़कियों का संघर्ष अनेक स्तरों पर और तीव्र होता है—आर्थिक, सामाजिक और मानसिक। ऐसा मानसिक, जो शारीरिक सहचर भी होता है। जब उन्हें संयम और सहानुभूति की सबसे ज्यादा जरूरत होती है। इसका गलत फायदा कैसे लोग उठाते हैं, यह अलग विषय है।

एक लड़की थी—उषा। वह मेरे निर्देशन में एम.फिल. कर रही थी। विद्यापति की 'कीर्तिलता' पर। अपना लघु शोध प्रबन्ध टाइप कराके वह हस्ताक्षर के लिए लाई तो टाइप निहायत भद्दा, कागज रद्दी। मुझे बहुत गुस्सा आया। डाँटने-फटकारने लगा, "तुम्हारी सारी मेहनत बेकार हो गई। परीक्षक इसे पढ़ ही नहीं पाएगा। नम्बर क्या देगा?"

निहायत संकोची, शरीफ। कुछ बोलने का नाम नहीं। केवल रोए और आँसू बहाए, आँसू पोंछे और रोए—नाक लाल, आँखें गीली। राज खुला यह कि टाइप के पैसे नहीं थे। पुरानी टाइप मशीन पर भाई की जान-पहचान के किसी दोस्त ने टाइप कर दिया है।

पहले उनका परिवार गरीब नहीं था। हाल ही में व्यापार चौपट हो जाने से ऐसी स्थिति आई है। यहाँ तक कि चादरें काटकर दो भाइयों का कुर्ता-पाजामा बनाया गया। विद्यापति को क्या पता कि उनकी कविता का अध्ययन कैसी किशोरी कर रही है!

महिला पत्रकार शिक्षा संस्थान नान कॉलेजिएट में दयावती इतवार और अन्य छुट्टियों में क्लास करती। माँ नहीं थीं, पिता ज्यादातर नशे में रहते। लड़की पढ़ने जाती है, काफी खोज-खबर रखते थे। दयावती हाथ-पैर जोड़कर पढ़ाई चालू रखती। चार बहनें थीं, छोटी-छोटी। घर में बर्तन माँजती, खाना बनाकर बहनों और बाप को खिलाती। पढ़ाई चालू रखने के लिए ट्यूशन करती, कपड़े धोती और पढ़ने आती। साँवली, दुबली, आकर्षणविहीन, रूखा चेहरा, वह ठीक से बाल भी नहीं सँवारती थी, लेकिन क्लास में कभी-कभी इतना खुश होती कि उसकी आँखें चमकने लगतीं। एक बार क्लास में पढ़ रही थी कि उसके बाप क्लास में घुस आए। किताब-कॉपी-कलम सब बटोर लिया, बीच क्लास में से उसे उठा ले गए, फिर वह पढ़ने नहीं आई। शादी का निमंत्रण आया। शादी के बाद उसका कोई पता नहीं चला।

लेकिन शशि शर्मा, पूरा नाम—डॉ. शशिबाला शर्मा की जीवन-स्थितियाँ दूसरी तरह की हैं। मेरा खयाल है कि सामान्य छात्राओं की जीवन-स्थितियों में ऐसे अप्रत्याशित मोड़ कम आते हैं।

आठवें दशक का प्रारम्भ या मध्य होगा जब शशि ने एम.ए. हिन्दी में प्रवेश लिया। बी.ए. दौलतराम कॉलेज से किया था। सामान्य से नाटा कद, सामान्य से ज्यादा पतली। ऐसी पतली कि दुर्बल भी लगे। पहनने-ओढ़ने में अन्य छात्राओंवाली सजगता बिलकुल नहीं। यानी बनाव-श्रृंगार से बहुत दूर। एक दाँत अन्दर से टेढ़ा-मेढ़ा, रह-रहकर जुबान फेरकर उसे टटोलती रहती। मुँह में सिर्फ आँखें, भावपूर्ण। विनम्रता ऐसी कि खरापन और आन्तरिक संकल्प की दृढ़ता व्यंजित हो। तब द्वारिका प्रसाद, चारुमित्र, अजय तिवारी, हरियश राय—तीनों पढ़ते थे। चारुमित्र इनसे सीनियर थे। शशि उनके क्लास में थी। ये चारों प्राय: साथ-साथ मेरे यहाँ आते। उषा मेरे घर मिल जाती, तो शशि और उषा अलग घुल-मिलकर बातें करते। चाय पीते। कुछ साथ होता तो उसे भी ग्रहण करते। सत्संग होता, तब मुक्तिबोध का नाम सुनाई पड़ने लगा था। हम प्रगतिशील साहित्य पर, प्रगति विरोधियों पर, वामपन्थी पार्टियों पर, दक्षिणपन्थी राजनीति पर जी भरकर बातें करते। तब सोवियत संघ का विघटन नहीं हुआ था। समाजवादी क्रान्ति तब भी असम्भव नहीं लगती थी। आज सोचकर और यह याद करके थोड़ा ताज्जुब भी होता है कि चारुमित्र, अजय, हरियश, शशिबाला इनमें से कोई करियर की कोई बात नहीं करता, कोई चिन्ता नहीं करता था, न ये नम्बर बढ़ाने-बढ़वाने की कोई बात करते थे। बस, साहित्य और राजनीति ही मानो सबसे बड़ा सरोकार और उद्‌देश्य था। तब ये सब मुझसे अधिक मुक्तिबोध के प्रशंसक थे। दिल्ली विश्वविद्यालय में 'मुक्तिबोध' मैं ही पढ़ाता था। उसकी कहानी कभी अलग से कहूँगा। शशिबाला शर्मा ने एम.फिल. में मुक्तिबोध की कविता और यथार्थवाद पर लघु शोध प्रबन्ध लिखा। चारुमित्र ने—'आलोचक मुक्तिबोध' पर। मैं तब विश्वविद्यालय के विभाग में नहीं था, किरोड़ीमल कॉलेज में पढ़ाता था, क्लास एम.ए. की भी लेता था। शशिबाला शर्मा ने पी-एच.डी. कबीर पर की। शोध-निर्देशक सन्त साहित्य के विद्वान रमेशचन्द्र मिश्र थे। कबीर पर सम्भवत: यह पहला शोध कार्य था। दिल्ली विश्वविद्यालय में एम.ए. में कबीर नहीं पढ़ाए जाते थे। कबीर की कहानी भी मुक्तिबोध की कहानी से जुड़ी है।

पी-एच.डी. के बाद नौकरी की चिन्ता। नौकरी मिल जाए तो लगभग साधनहीन माँ-बाप को लड़की की शादी में सहायता मिले। निम्नमध्यवर्गीय और कई लड़कियोंवाले माता-पिता लड़की की नौकरी की तनख्वाह अलग से जमा करवाते हैं और उसे शादी में खर्च करते हैं। इससे थोड़ी राहत मिल जाती है।

कबीर का एक दोहा है—

मूरों को का रोइए, जे अपने घर जाँय
रोइए बन्दी जनन को, जो हटाई हाट विकाँय

मूरों का अर्थ मैं नहीं लगा पाता था। कोई मदद नहीं मिल रही थी कहीं से। टीकाओं में 'मृत' या 'मरा हुआ' अर्थ दिया था।

एक दिन शशिबाला शर्मा दौड़ती हुई मेरे पास पहुँचीं। ''सर, मूरो का अर्थ मिल गया। मूर अरब सौदागर होते थे, हिन्दुस्तान में जो मध्यकाल में गुलामों का व्यापार करते थे। डॉ. अशरफ की पुस्तक 'द कंडीशंस ऑफ पीपुल ऑफ हिन्दुस्तान' से यह पता चलता है। अर्थ स्पष्ट हो गया, 'उन व्यापारियों के लिए मत रोओ, उन गुलामों के लिए रोओ, जो हाट-हाट में बेचे जाते हैं।''

शशिजी अर्थ बताकर दौड़ती हुई वापस चली गईं, बहुत जल्दी में थीं।

मैं द्रुत गति से मोटा होता जा रहा था। एक दिन शशिजी कैम्पस में मिलीं। गौर से देखा। बोलीं, ''आप मोटे होते जा रहे हैं। पहले ठीक थे। सेहत का ध्यान रखना चाहिए। देखिए, डॉ. रामविलास शर्मा अपने स्वास्थ्य का कितना ध्यान रखते हैं?'' शिक्षक ने संकोच और सलज्ज भाव से अपनी गलती स्वीकार की।

शशिबाला शर्मा को नौकरी भी ढूँढ़नी थी, इसलिए किसी के यहाँ बेमतलब कम जाती थीं। खुशामद आती नहीं थी। प्रोफेसर अध्यक्ष के पास गईं। अध्यक्ष ने देखा, बड़बड़ाए, ''तुम क्या नौकरी करोगी? इतनी छोटी कद की हो, तुम्हें कौन अपने यहाँ रखेगा?''

डॉ. शशि ने जवाब दिया, धीमी आवाज में, ''सर, आपकी लड़की कॉलेज में नौकरी पा गई है। वह भी तो मेरे ही कद की है।''

अध्यक्ष ने उसे डाँटकर भगा दिया, ''तुमको नौकरी कभी नहीं मिलेगी। तुम्हें बात करने की तमीज नहीं है।''

कोई उम्मीद नहीं थी, लेकिन हिम्मत हारनेवाले और होते हैं। इन्हीं दिनों लीलाधर शर्मा से उनकी जान-पहचान बढ़ी, जिनसे कुछ दिनों बाद उनका विवाह हुआ। वे भी जुझारू थे। उनसे शशि को हिम्मत मिली। माता सुन्दरी कॉलेज में इंटरव्यू हुआ। इंटरव्यू में गईं, तो पैनल ने देखकर कोई उत्साह नहीं प्रकट किया। प्रिंसिपल मानसिंह थीं। किसी ने पूछा, ''टी.एस. इलियट के कुछ उपन्यासों के नाम बताइए।''

शशिबाला सर झुकाकर मुस्कुराईं। वह कोई कोरी हिन्दीवाली नहीं थीं। रामचन्द्र शुक्ल, हजारी प्रसाद, द्विवेदी, रामविलास शर्मा, अज्ञेय, मुक्तिबोध, नामवर सिंह को पढ़ा था। मार्क्स, एंगल्स, चेखव, इलियट, एफ.आर. लीविस को पढ़ा था। सर झुकाए ही मुस्कुराती हुई बोलीं, ''मैडम, आप शायद जार्ज इलियट के उपन्यासों के बारे में पूछना चाहती हैं। टी.एस. इलियट ने तो उपन्यास नहीं लिखे हैं।''

चेयरमैन ने बाद में कहा, ''इसी लड़की को नियुक्त किया जाएगा। छोटी है, तो क्या हुआ, जानकार तो है और इसमें आत्मविश्वास है।''

यह बात मुझे हिन्दी विभाग की तत्कालीन अध्यक्ष निर्मला जैन ने बताई। मैं बीच-बीच में, 'आशा कम, विश्वास अधिक है' के भाव-बोध से उनसे शशि का

नाम लेता था। निर्मलाजी ने कहा, ''आप कहते तो थे, लेकिन मैं नहीं समझती थी कि वह इतनी जानकार हैं।''

शशिबाला शर्मा माता सुन्दरी कॉलेज में अध्यापक नियुक्त हो गईं।

शशि का विवाह लीलाधर से बहुत सादगी के साथ आधुनिक ढंग से हुआ। लीलाधर उत्तराखंड के थे। उत्तराखंड के ब्राह्मण प्रायः परम्पराप्रिय होते हैं। लीलाधर और शशि दोनों को अपने परिवार का विरोध झेलना पड़ा। लीलाधर को ज्यादा। कुछ दिनों बाद पुत्र हुआ। बच्चा असामान्य था। शरीर और मस्तिष्क दोनों अविकसित। वह करीब दस साल जीवित रहा। जन्मजात अवस्था में ही वह दस साल तक रहा। दोनों अध्यापन करते थे। लीलाधर सायंकालीन भगतसिंह कॉलेज में थे, इसलिए शशि तीसरे पहर आ जातीं, तब वे काम पर जाते। बच्चा न बोलता था, न कोई हरकत करता था। मल-मूत्र के त्याग की खबर उसे न होती, लेकिन कुछ ऐसा होता, जो बहुत मार्मिक होता। शशि बताती हैं कि कोई और देखभाल करता, तो वह बेचैन हो उठता। कॉलेज से मैं लौटती, तो दरवाजा खुलते ही गर्दन फेरकर देखता। चेहरे पर आश्वस्ति की लहर साफ दिखलाई पड़ती। वह मुझसे ज्यादा लीलाधर की मौजूदगी में आश्वस्त रहता। देखभाल भी उन्होंने ही ज्यादा की थी। ऐसे बच्चे का माँ-बाप होना, कैसा लगता होगा, आत्मीय की अबूझ यातना कितनी पीड़ादायिनी होती है ? लीलाधर कर्मठ, निष्ठावान कार्यकर्ता थे। मार्क्सवादी कम्युनिस्ट पार्टी के साप्ताहिक 'लोह लहर' का काम भी करते थे। 'तीरंदाज' नाम से व्यंग्य का कॉलम उन्होंने कई वर्षों तक लिखा।

लीलाधर शर्मा ने मेरे निर्देशन में पी-एच.डी. का काम शुरू किया था, लेकिन इन हालात में कौन काम कर सकता है ? शायद वे सामाजिक काम को शोध-कार्य से ज्यादा महत्त्वपूर्ण मानते थे।

शशिबाला शर्मा की अग्नि-परीक्षा का अन्त अभी नहीं हुआ था। लीलाधर को कैंसर हो गया। रक्त कैंसर। एम्स में महीनों रहे। उन्हें नींद नहीं आती थी। असह्य पीड़ा होती थी। शशि बताती हैं कि शाम होते ही कहते, 'तुम घर जाओ, बच्चे इन्तजार कर रहे होंगे।' एक पुत्र और हुआ था। भगवती पंडित और डॉ. हरिमोहन शर्मा ने बड़ी सेवा की, साथ दिया, लेकिन लीलाधर बच नहीं सके। शशि बाला शर्मा, एक पुत्र के साथ रह गईं। मैंने शशि को आँसू बहाते भी देखा है, लेकिन बहुत कम। चीखते कभी नहीं देखा। शायद किसी ने भी नहीं देखा होगा। अपनी विपत्ति की कहानी वह ऐसे कहती हैं, मानो किसी और की हो! दुःख ने चेहरे को मानो निर्विकार बना दिया है।

पिछले साल, 'पुनर्नवा' कार्यक्रम में क्लास ले रहा था। देखा, शशिबाला शर्मा बैठी हैं। घर आने लगा तो बोलीं, ''आपको घर छोड़ देती हूँ। मैंने गाड़ी ले ली

है, चला लेती हूँ। पैर में गठिया हो गया है, पैदल दूर तक नहीं चल सकती, बस में जा नहीं सकती।''

वे घर आईं। पत्नी से बहुत दिनों बाद मिलीं। मेरे लिए शॉल लाई थीं। किसी से सुन लिया था कि मैं 75 का हो रहा हूँ।

मैंने कहा, ''मुझे भी गठिया है। ज्यादा चल नहीं पाता। कमला नगर, शक्ति नगर की वे दुकानें याद आती हैं, जहाँ घूम-घूमकर छोले-भटूरे, इमरती, गुलाब जामुन, चाट, मसाला-डोसा, इडली, मूँगफली खाता रहता था।''

शशि ने कहा, ''सर, मैं आपको इस गाड़ी से हर दुकान पर ले जाकर वो सब खिलाऊँगी, आप मन न छोटा करें। मैं इतना अभी भी कर सकती हूँ।''

जायसी के नाम से अवध में एक उक्ति प्रचलित है—

'जो अस जरा, सो कस नहिं महकै'

(जो इतना जला है, वह ऐसी सुगन्धि क्यों न बिखेरे!)

[कादम्बिनी, मार्च, 2008]

उस दीपक की रोशनी कभी बुझेगी नहीं

1980 में दिलशाद गार्डन में मेरे नाम डी.डी.ए. फ्लैट आवंटित हुआ। पानी का कनेक्शन लेने में कोई खास दिक्कत नहीं पड़ी। बिजली कनेक्शन का मोर्चा गम्भीर था। सहमते, डरते, सतर्क, चौकस होकर बिजली के दफ्तर पहुँचा, दफ्तर बिलकुल पास था। लोगों ने कहा, ''कटारा साहब से मिलिए।''

देखा, कटारा साहब कुर्सी में विराजमान थे। पान से होंठ रचे थे। ढाढ़स बँधा। मेरा मन बोला, 'पान खानेवाले दोहरे बदन के आदमी प्राय: मनहूस नहीं होते।' ऐसी जगहों पर मैं प्राय: अपना परिचय देता, नाम बताता और यह कि मैं दिल्ली विश्वविद्यालय में पढ़ाता हूँ। लोग अब भी मास्टरों को निरीह समझते हैं। सो, कटारा साहब से मैंने अपना परिचय दिया।

कटारा साहब ने मुझे गौर से देखा, थोड़ा मुस्कुराए। बोले, ''क्या पढ़ाते हैं?''

मैंने कहा, ''हिन्दी।''

बोले, ''एम.ए. प्रीवियस पढ़ाते हैं?''

मैंने कहा, ''हाँ।''

वे ही बोले, ''कबीर पढ़ाते हैं?''

मुझे ताज्जुब हुआ। वे कैसे जानते हैं कि मैं कबीर पढ़ाता हूँ।

खड़े होकर बोले, ''कुर्सी पर बैठिए। पानी पीजिए। पान खाइए। काम की बात बाद में कीजिएगा।''

''आप मुझे जानते हैं?''

''आपका कोई विद्यार्थी राजीव कटारा है?''

''हाँ, है।''

''उसका दोस्त दीपक सिन्हा है?'' वे थोड़ा चौड़ा मुस्कुराए, ''जी, राजीव कटारा मेरा लड़का है। वे तथा दीपक आपकी और नित्यानन्द तिवारी की बात घर पर बहुत करते हैं।''

दीपक और राजीव अन्तरंग, गहरे दोस्त थे। ऐसी मित्रता कम ही दिखलाई पड़ती है। राजीव के पिता सतीश कटारा, आपातकाल में पकड़ लिए गए थे। राजीव की उम्र बहुत कम थी। कई बहनें थीं। उसी उम्र में राजीव को मुसीबतें झेलने की आदत पड़ गई। वे सीलमपुर के एक छोटे-से किराए के मकान में रहते थे। दीपक अक्सर वहाँ जाता और वहीं कभी-कभी कई दिनों तक रह जाता।

मेरे फ्लैट में बिजली का कनेक्शन आ गया। अब किराएदार की तलाश जरूर थी। तब 1600 रुपए महीने की तनख्वाह थी। आठ सौ सात रुपए पैंसठ पैसे हर महीने किस्त का भुगतान करना होता। चार सौ रुपए महीने मकान का किराया, मॉडल टाउन के मकान का। दो लड़कियाँ पढ़नेवालीं। मदर डेयरी के मिल्क बूथ पर एक टोकन का दूध लेने शरम के मारे कोई नहीं जाता, सिर्फ मैं जाता। बहरहाल दीपक मेरे फ्लैट में किराए पर रहने लगा। वह अपने साथ एकाध को और पकड़ लाया। इस तरह करीब चार सौ रुपए महीने की आमदनी हो गई। दीपक उसी कमरे में रहता था, जिसमें अब मेरी किताबें हैं। मैं उसी कमरे में लिखता-पढ़ता और सोता भी हूँ।

दीपक साँवले से कुछ दबे हुए रंग का सलोना, स्वस्थ और खुलकर बात करनेवाला छात्र था। बेकार की बात नहीं करता। एक और सिफत थी। झूठ नहीं बोलता था। बात न करनी हो, तो पूछने पर भी नहीं बताता, चुप्पी मार लेता, लेकिन झूठ नहीं बोलता। खद्दर का कुर्ता, खुली मोहरीवाला पाजामा पहनता। पोशाक छात्र नेता-जैसी होती। बोलते समय उच्चारण और लय में अतिरिक्त दृढ़ता प्रकट होती। जिसकी आलोचना करता—सर्वत्र करता, उसके सामने भी, पीठ पीछे भी।

एक सिद्धान्त था, जिस शादी में दहेज दिया गया हो, नहीं शामिल होता, चाहे प्रिय मित्र, अध्यापक की ही शादी क्यों न हो। उसको पता नहीं, कैसे पता चल जाता कि शादी में दहेज दिया-लिया गया है। मेरे एक छात्र की शादी थी, वह छात्र दीपक का भी मित्र था। मैंने कहा, ''दीपक, तुम्हारे दोस्त की शादी है, तुम तो चलोगे ही।''

दीपक ने व्यंग्य तथा मुस्कान के साथ बताया, ''नहीं सर, इसने दहेज लिया है, पैसे के रूप में न सही, मकान के रूप में। झूठ बोलता है, लेकिन मुझे पता है। मैं इसकी शादी में हरगिज नहीं शामिल होऊँगा।''

दीपक को सैद्धान्तिक प्रश्नों पर झुकाना असम्भव था।

दीपक, राजीव कटारा, रवीन्द्र त्रिपाठी एक ही क्लास में थे। स्वभाव से ये तीनों पढ़ाकू, विनम्र लेकिन मुँहफट थे। लल्लो-चप्पो नहीं करते। जो अध्यापक इनको पसन्द नहीं आते, उसकी सरेआम आलोचना करते, क्लास में सवाल पूछते। सभी अध्यापक इनको झेल नहीं पाते। कुछ दिनों बाद इनकी विभागाध्यक्ष से पटरी उखड़ने लगी। ये कुलपति कार्यालय के सामने धरने पर बैठे। विभाग में डॉ. नित्यानन्द तिवारी और हमारी स्थिति बड़ी विचित्र। हम दोनों इन्हें समझाने-बुझाने इनके पास जाते, लेकिन विभाग के कई लोग समझते कि हम इन्हें भड़काते हैं। दीपक डॉ. नित्यानन्द तिवारी का बहुत सम्मान करते। किरोड़ीमल कॉलेज के एक सेमिनार में उन्होंने खुलेआम घोषणा की—'मैं नित्यानन्दियन हूँ।' कुछ लोगों को इससे कष्ट होना स्वाभाविक था।

छात्र कई तरह के होते हैं। सच्ची बात यह है कि अच्छे अध्यापक छात्रों से भी बहुत सीखते हैं। कुछ छात्र ऐसे होते हैं, जो आचार-विचार और चरित्र में अपने अध्यापकों से बेहतर होते हैं, कुछ तो पढ़ाई और जानकारी में भी। दीपक ऐसे ही छात्रों में था। नैतिकता के मामले में, सच और झूठ के मामले में वह किसी की भी आलोचना कर सकता था।

मैं उन दिनों एक वैयक्तिक प्रत्यंचा पर चढ़ा था। कैम्पस में मेरे बारे में गूँजानुगूँजें सुनाई पड़तीं। दीपक ने मुझसे कहा, "आप उसे लेकर क्यों घूमते रहते हैं? आपको ऐसा नहीं करना चाहिए।"

मैं सुनकर उत्तेजित, अन्ततः गम्भीर, निढाल। बात तो दीपक सच ही कह रहा है, 'हौ ही सब अनरथ कर हेतु', लेकिन दीपक से मेरा एक मामला ऐसा उलझ गया, जिसमें मेरी कोई गलती नहीं थी। उसने मेरे और दीपक के सम्बन्धों को बहुत दूर तक प्रभावित किया। संयोग से उसका सम्बन्ध मित्रवर नित्यानन्द तिवारी से भी है।

दीपक सिन्हा समाजवादी पार्टी के कर्मठ कार्यकर्ता थे। प्रेम सिंह, प्रमोद आदि तो थे ही। प्रेम सिंह उनसे सीनियर थे। दीपक ने एम.फिल. में लघु शोध-प्रबन्ध लिखने के लिए विषय चुना—'आलोचक विजयदेव नारायण साही'। साही का भी सम्बन्ध समाजवादी पार्टी से था। वे उस पार्टी के टिकट से चुनाव भी लड़े थे। अब हुआ यह कि मैंने अपनी पुस्तक 'हिन्दी आलोचना' में नामवर सिंह के मत की आलोचना करते हुए साही के बारे में लिख दिया कि साही अंग्रेजी के अध्यापक हैं, हो सकता है कि हिन्दी साहित्य के इतिहास का उन्होंने व्यवस्थित अध्ययन न किया हो और छायावादी कविता में सन्तुलन का नाटक पाया हो। पृष्ठभूमि में एक घटना और थी। एक गोष्ठी का संचालन करते हुए नामवरजी और साही को गोष्ठी-विदग्ध आलोचक कह दिया था। साही ने मेरी मरम्मत एक गोष्ठी में की थी और मौका पाकर मैंने भी उनके बारे में यह कह दिया। दीपक को यह बात

बहुत बुरी लगी। उन्होंने लघु शोध-प्रबन्ध में लिखा, 'विश्वनाथ त्रिपाठी वहशीपने के शिकार हो गए हैं।'

बतंगड़ न बनता, अगर विष्णुकान्त शास्त्री उस लघु शोध-प्रबन्ध के परीक्षक न नियुक्त होते। वे मुझे जानते थे, मेरी किताब 'लोकवादी तुलसीदास' के प्रशंसक, समीक्षक थे। मौखिकी के लिए आते ही उन्होंने मुझसे कहा, ''कैसा अशिष्ट है, आपके बारे में ऐसा लिखा है, आप तो उसके अध्यापक हैं!''

मैं दीपक के स्वभाव को जानता था, वह क्षुब्ध हुआ है वरना उसके मन में मेरे प्रति अनादर नहीं है। जैसा उसने ठीक समझा, अकुंठ होकर लिखा है। मैंने शास्त्रीजी से दीपक की हिमायत की। नित्यानन्द तिवारी ने जोरदार हिमायत की। बात आई-गई हो गई। दीपक को सारी बातों का पता लग गया। इसका प्रमाण हिन्दू कॉलेज की एक गोष्ठी में मिला।

दीपक हिन्दू कॉलेज में अध्यापक नियुक्त हुए। लोकप्रिय अध्यापक थे। छात्र उनकी प्रशंसा करते। यह और बात है कि वहाँ भी उनकी और कुछ लोगों से ठनी रहती। दीपक की उम्र शादी की थी, लेकिन यहाँ ऐसी बातों के लिए कोई जगह ही नहीं थी। मेरे एक अन्य छात्र अनिल राय ने उनसे कहा, ''का दीपक, तुम सधुयाय जाओगे क्या?'' ('दीपक तुम साधू हो जाओगे क्या?')

कहते हैं कि एकाध लड़कियों ने उनसे परकना शुरू किया, तो दीपक ने उन्हें डाँट दिया। शादी न करने का एक कारण था दीपक की एक बहन की शादी का डौल न बैठ पाना। दीपक बहन की शादी के लिए परेशान रहते। यों दीपक उत्सवधर्मी थे। राजीव कटारा की बहनों की शादी में मुस्तैद रहे। यथासम्भव काम-काज किया। मेरी छोटी लड़की सीमा की शादी में शामिल हुए। दूसरों को बनाना, हँसी-मजाक भी उन्हें नापसन्द नहीं था, लेकिन वे जीवन को कुछ सिद्धान्तों, आदर्शों और किसी महान उद्‌देश्य के लिए समर्पित करना चाहते थे। वे आधुनिक थे, किन्तु मूल्यहीनता बर्दाश्त नहीं कर सकते थे।

मैं क्लास में अच्छी-अच्छी बातें और आदर्शों की बातें करता हुआ अक्सर यह सोचकर परेशान हो उठता हूँ कि इनमें से किसी छात्र ने मेरी बातों को अपने जीवन में उतार लिया तो क्या होगा? बेचारा दर-ब-दर अपमानित, उपेक्षित, दंडित होता हुआ पागल अपराधी की भाँति भटकता घूमेगा।

दीपक को भी लोग सनकी समझने लगे थे। वह समझौता नहीं कर पाता था। निष्ठाएँ दो थीं—राजनीतिक और वैयक्तिक। वह अपने राजनीतिक जीवन को वैयक्तिक जीवन से काटकर अलग नहीं रख पाता था, जबकि हमारे समय का चलन है कि 'भाई, यह पर्सनल मसला है, इसकी बात मत करो।'

दीपक के लिए व्यक्तिगत नाम की कोई चीज नहीं थी। न अपने लिए, न दूसरों के लिए। अपना व्यक्तिगत जीवन उसने रचा ही नहीं, दूसरों को भी व्यक्तिगत

जीवन में समझौता करते देख उबल पड़ता था। दुनियादार लोगों की निगाह में वह सनकी हो गया था। इसके चलते अनेक सक्षम, सच्चे शुभचिन्तकों से भी अन्त तक उसकी निभ नहीं पाई। आप गलत हों, लेकिन ईमानदार हों, तब वह आपकी आलोचना तो करता, लेकिन इज्जत में कमी नहीं करता।

हिन्दू कॉलेज में रघुवीर सहाय पर गोष्ठी आयोजित हुई। आयोजक दीपक ही थे, छात्रों के साहित्य मंच के माध्यम से। अनेक वक्ता थे—नामवर सिंह, कृष्ण कुमार, निर्मला जैन, नित्यानन्द तिवारी, मैं भी। अन्तिम सत्र के बाद समापन सत्र में दीपक धन्यवाद देने खड़े हुए। धन्यवाद के दौरान बोले, ''हमारे गुरुओं ने हम पर अपनी विचारधारा कभी नहीं लादी। उन्होंने हमें आलोचना का अधिकार भी दिया। उन्होंने अपने प्रति की गई हमारी आलोचना को सहन किया।'' होंठ थरथराने लगे, आवाज स्खलित होने लगी और यह क्या, दीपक बच्चों की तरह फूट-फूटकर रोने लगे!

अब सोचता हूँ, दीपक इस तरह फूट-फूटकर अक्सर रोता रहता। अकेले में या किसी और के भी सामने, किसी अध्यापक, मित्र, भाई, माँ-बाप, प्रेमिका के सामने तो बच जाता, लेकिन जो नहीं उसका क्या गम, हालाँकि गम तो उसी का होता है, जो नहीं होता।

दीपक को पता था कि मैं जीभ-चटोर हूँ। एक बार बोले, ''सर! हॉस्टल चलिए। आपको लड्डू खिलाता हूँ। माँ ने भेजे हैं।''

मैं साथ हो लिया। कमरे में पहुँचा। दीपक ने लड्डू खिलाए। देसी घी के। चावल और सूजी के। हमारे यहाँ गाँव में इसे 'ढूँढीं' कहते हैं, लेकिन वे चावल और गुड़ के बनते हैं या तिल और गुड़ के। दीपक की माँ ने दीपक के लिए खासतौर पर बनाकर भेजे होंगे। खाते हुए मैंने कहा, ''ये तो बहुत अच्छे हैं!''

सुनकर दीपक, ''हाँ, हाँ, सर!'' यह कहते हुए हँसता रहा।

1986 में प्रगतिशील लेखक संघ की स्वर्ण जयंती लखनऊ में मनाई गई। उसमें उसके चाचा जमशेदपुर से शामिल हुए। चाचा की बात चलने पर दीपक उल्लसित हुआ। बोला, ''प्रगतिशील लेखक संघ के किसी आयोजन में जमशेदपुर चलिए।'' मैंने डॉ. नागेश्वर लाल के भाषण की तारीफ की तो बोला, ''डॉ. नागेश्वर लाल लिखते कम हैं, पीते ज्यादा हैं, वरना उतना अच्छा आलोचक इस समय बिहार में कोई नहीं है।''

सब यथावत् ठीक चल रहा था। हम लोगों ने समझ लिया था कि दीपक से उसकी शादी की बात करना व्यर्थ है। उसकी बहन की शादी हो जाए, तो उसके बाद ही कुछ हो सकता है कि एक दिन सुना, दीपक का ऑपरेशन होने जा रहा है। सिरदर्द होता रहता था। कै होती थी। बहुत दिनों तक किसी से कुछ बताया

नहीं। फिर बहुत दिनों तक कहीं दिखाया नहीं, यही कहता रहा, ''सब ठीक हो जाएगा।''

मैं ऑपरेशन की बात सुनकर भौंचक रह गया। दीपक के मित्रों और शुभचिन्तकों की बहुत बड़ी तादाद थी। अस्पताल में दौड़-धूप करनेवालों की भीड़ लगी रहती। ऑपरेशन थियेटर जाते समय नित्यानन्द तिवारी, अजय तिवारी, रेखा अवस्थी आदि मौजूद थे। अरविन्द मोहन, प्रेम सिंह, राजकुमार जैन आदि दसियों नहीं, सैकड़ों लोग। मैं नहीं जा सका। लोगों की कमी नहीं थी और मेरी हिम्मत जवाब दे गई थी।

लड़कियों की शादी हो जाने के बाद, जब मैं कहीं बाहर जाता और मेरी पत्नी घर में अकेली रहतीं, तो मैं दीपक को रात में रहने के लिए कह जाता। पत्नी ने बताया, ''एक बार रात को नल की टोंटी से पानी आ रहा था। टोंटी टूट गई थी। दीपक दो घंटे अकेले टोंटी की जगह कपड़े बाँध-बाँधकर पानी रोकता रहा। जब पानी की सप्लाई बन्द होने का समय हो गया, तब सोया।''

ऐसी विश्वसनीयता, सच्चाई और खरेपन की मूर्ति। वह सबकी जरूरत के वक्त मौके पर पहुँचता। बिना जरूरत के कहीं नहीं जाता। तारीफ सामने बहुत कम करता। पता चला, कैंसर है। मैलिगनेन्ट। ऑपरेशन, थैरेपी, रेडियम ताप, सब इलाज हुआ। उसके मित्रों ने इलाज और तीमारदारी में आकाश-पाताल एक कर दिया। दीपक जैसे युवक को खो देने की आशंका सबके मन-मस्तिष्क पर छाई रहती। उसके मित्र आते, कभी आशाजनक, कभी निराशाजनक समाचार दे जाते। मैं देखने भी जाता, बीच में वह स्वस्थ लगने लगा। खाना-पीना सामान्य हो गया।

राजीव कटारा दिलशाद गार्डन में मेरे घर के पास आ गए थे। उनकी बहन की शादी वहीं हुई। दीपक आए। लगभग पहले-जैसे अकुंठ, मस्त, निरीह। सिर पर टोपी थी। हम आश्वस्त-से हो गए। दीपक ने स्वास्थ्य लाभ कर लिया। लेकिन कुछ दिनों बाद तबीयत बिगड़ने लगी, फिर बिगड़ती ही गई। माँ-बाप-बहन आकर हिन्दू कॉलेज के स्टाफ क्वार्टर में उनके साथ रहने लगे। मैं दीपक के पास हिन्दू कॉलेज में उनके क्वार्टर पर जाता। वे प्रसन्नवत् मिलते। चाय जरूर पिलाते।

सुना कि अब बहुत दिन नहीं चलेगा, तो हिम्मत बाँधी और वेद प्रकाश के साथ देखने गया। दीवान पर चित लेटे थे। आँखों की ज्योति, वाणी, सुनने की शक्ति सब चली गई थी। पिता ने कहा, ''कल तक सभी अंग स्थिर हो गए थे। आज पता नहीं, कैसे पैर हिला रहे हैं ? पैरों में चेष्टा करने की ताकत आ गई है।''

मैंने नाम लेकर पुकारा रुद्ध कंठ से। न वह बोला, न कोई जवाब दिया। पैर हिलाया और गर्दन मोड़कर सूनी आँखों से दिशाहीन रिक्तता में जैसे वह कुछ 'अनकने' लगा, यानी सुनने की कोशिश करने लगा।

मैंने अपने उद्धत-प्रिय शिष्य का चरणास्पर्श किया। जाओ। वहाँ कोई नहीं है। तुम्हारे लिए शान्ति पाने की जगह वहीं है। स्वातंत्र्योत्तर भारत ने वह समाज बनाया है कि तुम्हारे-जैसा आदमी लड़ेगा, तो पूरी उम्र नहीं पाएगा। शमशेर ने मुक्तिबोध के बारे में कहा था—

जमानेभर का कोई इस कदर अपना न हो जाए
कि अपनी जिन्दगी खुद आपको बेगाना हो जाए।

[अप्रैल, 2008]

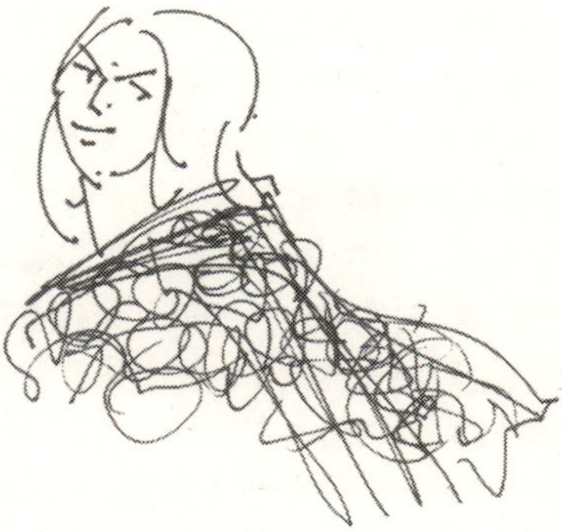

किम ने दो घूँसे लगाए

मेरे विदेशी छात्रों की संख्या अधिक नहीं है। उनमें से दो ऐसे हैं, जो मेरे अध्यापक बनने के पूर्व ही मुझसे ट्यूशन पढ़ते थे। मैं एम.ए. कर चुका था। विवाह हुआ ही था। काशी विश्वविद्यालय के अन्तर्राष्ट्रीय छात्रावास में दो चीनी विद्यार्थी हिन्दी पढ़ने आए थे। चीन में नवस्थापित क्रान्तिकारी सरकार ने उन्हें भेजा था। एक और चीनी छात्र था, जो इतिहास का विद्यार्थी था। साथ में एक वियतनामी विद्यार्थी भी था। एक दिन उन्होंने मुझसे कहा कि आप मुझे हिन्दी पढ़ा दिया कीजिए। ट्यूशन का पैसा भी बता दिया। सत्तर रुपए महीना। हफ्ते में दो दिन जाना था।

उन दिनों मैं मार्क्सवादी साहित्य पढ़ने लगा था, यद्यपि पार्टी से मेरा कोई सम्बन्ध नहीं था। बात 1956 या 1957 की होगी। भारत और चीन के सम्बन्ध बहुत अच्छे थे। मेरा खयाल है कि सीमा-विवाद की आहट नहीं हुई थी और चाउ-इन-लाई भारत नहीं आए थे। उन दिनों हम लोग चीन को रूस की अपेक्षा भारत के अधिक निकट मानते थे।

शमशेर बहादुर सिंह का काव्य-संकलन 'कुछ कविताएँ' जगत शंखधर ने प्रकाशित किया था, सरस्वती प्रेस से। उसमें एक ऐतिहासिक कविता थी। कविता में प्रयोग कैसे किया जाता है, इसे देखना है, तो वह कविता देखनी चाहिए। 'देखनी चाहिए' मैं जान-बूझकर कह रहा हूँ, क्योंकि वह कविता सिर्फ सुनकर नहीं समझी जा सकती। आप जानते हैं कि चीनी लिपि चित्रात्मक है। शमशेर ने चीनी लिपि में लिखित चीन के गणतंत्र की लिखावट को ध्यान में रखकर, वह कविता लिखी थी। लिपि के एक-एक रूपाकार के अनुकूल उन्होंने भावनाएँ अभिव्यक्त की थीं।

उन दोनों विद्यार्थियों में से एक का नाम ल्यू-कान-उ और दूसरे का ली था। उनके नाम मैं स्मृति के आधार पर लिख रहा हूँ। मुझे उनके नाम याद नहीं होते थे। पहचान के लिए मैंने अपना तरीका निकाल लिया था। उनमें से एक की शक्ल गोल-मटोल थी। वह कम बोलता था। उसको मैं माओत्से-तुंग के नाम से याद रखता था। दूसरे का चेहरा थोड़ा चपटा था। वह खूब बातें करता था। हम उनको चाउ-इन-लाई कहते। दोनों एक साथ ही पढ़ते थे। ली (जिसे हम चाउ-इन-लाई समझते) पढ़ने के समय के सम्बन्ध में बहुत नियमित नहीं था। कभी-कभी कहता, पढ़ने का मन नहीं कर रहा है। कभी-कभी, इधर-उधर की बातें भी करता, लेकिन गोल-मटोल चेहरेवाला (हमारा माओत्से-तुंग) बहुत अनुशासित रहता और सिर्फ पढ़ाई-लिखाई की बातें करता। ली पढ़ाई के समय नहीं पहुँचता था, देर कर देता, तो ल्यू भुनभुनाता भी था।

इन विद्यार्थियों का उच्चारण ऐसा था, जिस पर चीनी भाषा की उच्चारण पद्धति का प्रभाव साफ दिखलाई पड़ता था। जब वह हिन्दी बोलते, तब हम उनकी हिन्दी तो समझ ही लेते, इससे हमारा मनोरंजन भी होता। ली का उच्चारण अपेक्षाकृत ठीक था।

हम पूछते, ''चीन में जब दो दोस्त मिलते हैं तो नमस्ते कैसे करते हैं?''

ल्यू कान बताते, ''अमाने यहाँ जंब एक दोसत किसी दोसत से मिनता है, तब कहता है—तुम प्याऊ लिग प्यू टिंग प्यूचिंग।''

यह सब मैं अन्धाधुन्ध, जो ध्वनि-बिम्ब याद है, उसके सहारे लिख रहा हूँ, वह क्या बताते थे, यह मैं नहीं बता सकता।

आखिर में वह कहता, ''बस।''

हम पूछते, ''तुम्हारे यहाँ शादी कैसे होती है?''

वह बताते, ''अमाने यहाँ जंब एंक नरका किसी नरकी से परेम कनता है, तो शादी हो जाती है—बस।''

मैं उनको प्रेमचन्द पढ़ाता था। प्रेमचन्द की एक कहानी है—'गुल्ली-डंडा'। उसमें एक पात्र द्वारा वाचक पात्र को बार-बार 'पदाने' का उल्लेख आता है। दोनों ने बहुत धर्मसंकट में डाल दिया। वो मुझसे 'पदाने' का मतलब बार-बार पूछते। मैं उन्हें कैसे बताता? आखिर में तरीका ढूँढ़ा। अंग्रेजी डिक्शनरी मँगाई। खोलकर 'फार्ट' शब्द का अर्थ दिखाया। अर्थ देखकर दोनों अपने हाथों से अपने पुट्ठे बार-बार ठोकने लगे। पुट्ठे ठोकते जाएँ और उल्लसित होकर कहते जाएँ, ''अमाने यहाँ बी होता है, अमाने यहाँ बी होता है।''

मैं उनसे महान चीनी कथाकार लूशुन के बारे में बातें करता। लूशुन मुझे बहुत पसन्द थे। वे प्रेमचन्द की तारीफ करते।

एक दिन मैंने शरारतन पूछा, ''अच्छा, ये बताओ, प्रेमचन्द और लूशुन में कौन अच्छा है?''

दोनों गम्भीर हो गए और उन्होंने मुझे कोई उत्तर नहीं दिया। उनके उत्तर न देने से मैं उत्तर पा गया और उनकी सच्चाई का कायल भी हो गया, यानी वे मुझसे झूठ नहीं बोलना चाहते थे।

मैंने पहले बताया कि उनके साथ एक वियतनामी विद्यार्थी भी था। तब वियतनाम का मुक्ति-संघर्ष चल रहा था, यद्यपि वह इतने उत्कृष्ट रूप में नहीं था और उस समय चीन और वियतनाम के सम्बन्ध खराब नहीं हुए थे। वियतनामी छात्र इन दोनों से कद में छोटा और पतला था, लेकिन हमेशा हँसता रहता। पता नहीं, ये तीनों किस भाषा में परस्पर बात करते!

मैं जब पढ़ाने पहुँचता तो वियतनामी छात्र अक्सर मिलता। उसके साथ माओत्से-तुंग जैसे चेहरेवाला ल्यू-कान-उ के साथ बातें या हँसी-मजाक कर रहा होता। दोनों मगन रहते। थोड़ी देर बाद ल्यू-कान-उ मेरी ओर आँख दबाकर कहता, ''तीनपाठीजी, ये नरका अच्छा नईं हैं। भोत खनाब हैं।'' दोनों हँसते और वियतनामी छात्र कमरे से विदा हो जाता।

होली आ रही थी और मुझे शादी के बाद पहली बार ससुराल जाना था। होली में सर्दी कम हो जाती है। ससुराल पहली बार जा रहा था, इसलिए कोट पहनना जरूरी था। इसके पहले ऊनी कोट पहना नहीं था। मैंने समस्या उन विद्यार्थियों के सामने यों रखी कि उन्होंने कहा कि मैं लेदर कोट ले जाऊँ, लेकिन वह मुझे पूरी तरह फिट नहीं आता था। और मामला इज्जत का था। ली ने सुझाव दिया कि मैं ट्यूशन का पैसा पहले ले लूँ और कोट बनवा लूँ। तब सत्तर रुपए में ऊनी कोट बनवांने का सोचा जा सकता था।

यूनिवर्सिटी गेट की अच्छी दुकान से कोट सिलवाया। कुल पचास रुपए में कोट बन गया। पहली बार पहनकर गुर्टू हॉस्टल में घूमा, फैशन परेड करना जरूरी था, तो त्रिलोचन शास्त्री के पुत्र ने कहा, ''भाई, बात यह है कि कपड़े से भी आदमी का व्यक्तित्व बन जाता है।''

ससुराल में होली मनाने गया था। चीनी छात्रों की परीक्षा होनेवाली थी। उनसे कहकर गया था कि ज्यादा-से-ज्यादा एक हफ्ते में लौट आऊँगा, लेकिन एक महीने रुक गया। जब लौटा, तो उनकी परीक्षा हो चुकी थी। मिलने पर ली ने कहा, ''तीनपाठीजी ने हमें धोखा दिया।''

ली से मेरी अन्तिम भेंट दिल्ली विश्वविद्यालय के हिन्दी विभाग में हुई। ली सांस्कृतिक विभाग में हिन्दी का कोई बड़ा अधिकारी हो गया था। देखते ही पहचान लिया। आलिंगन किया। वह चीनी विभाग के प्रोफेसर मनोरंजन मोहंती के साथ था। बोला, ''तीस साल के बाद मिल रहे हैं।''

उच्चारण बिलकुल ठीक हो गया था। स्वर में आत्मविश्वास की सहजता थी।

उसने अगले दिन विश्वविद्यालय के अतिथि भवन में आकर चाय पीने का निमंत्रण दिया। हमने साथ-साथ चाय पी। हमने उससे सांस्कृतिक क्रान्ति के बारे में पूछा। उसने बताया, ''गैंग फोर के हटने से हमारे सीने से बहुत भारी पत्थर उतर गया है।''

उसने मुझसे मेरी लिखी हुई कोई पुस्तक माँगी। मुझे चार या पाँच सुन्दर चीनी कप उपहार में दिये। पुस्तक मैं उसे दे नहीं पाया। एक बार फिर वादाखिलाफी हुई।

अभी कुछ दिन पहले विष्णुचन्द्र शर्मा ने बताया कि ली की कुछ ही वर्ष पूर्व मृत्यु हो गई है। ल्यू-कान-उ के बारे में बनारस छोड़ने के बाद कुछ नहीं सुना।

किम दक्षिण कोरिया की थी। उसका पूरा नाम मुझे याद नहीं है, लेकिन उसका व्यक्तित्व और उसकी चेष्टाएँ मेरे मन की आँखों के सामने साक्षात् हैं। पूरा नाम लेने की मुझे जरूरत ही नहीं पड़ी। इसकी वजह शायद यह है कि किम नाम से ही वह जानी जाती थी। यह छोटा-सा नाम इतना प्रिय और उच्चारण में सुविधाजनक है कि नाम के साथ कुछ और जोड़ दें, यानी पूरा नाम लेने में बहुत असुविधा होती थी। किम की दो विशेषताएँ छूटते ही प्रभावित करती थीं। एक तो उसका हिन्दी उच्चारण बहुत शुद्ध था। वह हिन्दी बहुत सहजता से बोलती थी। अन्दाज भी लगभग हिन्दीवालों-जैसा। संकोचपूर्वक कह सकता हूँ कि अधिकांश बंगालीजनों और दक्षिण भारतीयों की अपेक्षा अधिक हिन्दीवाले-जैसा। दूसरी विशेषता उसकी चाल थी। अन्य भारतीय छात्रों के साथ वह इतनी घुल-मिलकर रहती थी कि कहीं से लगता ही नहीं था कि उसने अधिकांश शिक्षा दक्षिण कोरिया में पाई है। छात्र-छात्राओं के किसी समूह में वह प्राय: आगे-आगे चलती। विभागाध्यक्ष से मिलना हो या किसी अध्यापक से मिलना हो या किसी सांस्कृतिक कार्यक्रम में शामिल होना हो, समूह में किम ही सबसे आगे नजर आती। चाल गति की बात तो यह थी कि उसके क्लासफैलो रवीन्द्र त्रिपाठी कहते कि किम ऐसे चलती है कि किसी गुड़िया में चाबी भरकर उसे छोड़ दिया गया है। और वो खट-खट करके मशीन की तरह चल रही है। शायद यह कोरियाई लड़कियों की स्कूली चाल हो! यों भी किम देखने में कोई जापानी या चीनी गुड़िया लगती। अगर वह यह लेख देख पाएगी, तो जरूर शिकायत करेगी कि चीनी या जापानी गुड़िया ही क्यों? गुड़िया ही कहना है तो कोरियाई गुड़िया कहिए। बेहद राष्ट्रीय विचारों की छात्रा थी। कोरिया के बारे में कोई आलोचनात्मक टिप्पणी नहीं सह पाती थी।

मुझे याद है, विदाई समारोह के अवसर पर वह कोरियाई पोशाक पहनकर आई थी और उसने कोरियाई गीत सुनाया था—यह कहते हुए कि यह गुरु-वन्दना के रूप में रचा गया कोरियाई गीत है।

किम नई दिल्ली में वाई.डब्ल्यू.सी. में रहती थी। उसकी अंग्रेजी बहुत अच्छी थी। कोरियाई भाषा और साहित्य में उसकी गहरी रुचि थी।

हमारे यहाँ जो पाठ्यक्रम है, उसके अनुसार विदेशी विद्यार्थियों और भारतीय विद्यार्थियों या हिन्दी क्षेत्र के विद्यार्थियों या अन्य क्षेत्र के विद्यार्थियों में कोई अन्तर नहीं किया जाता। उनका अलग से कोई पाठ्यक्रम नहीं है, जिसे अपनी रुचि और संस्कार के अनुसार ले सकें। विशेषत: विदेशी विद्यार्थियों को यथेष्ट स्तर तक पहुँचने में बहुत कठिनाई होती है।

किम अपने परीक्षाफल को लेकर बहुत चिन्तित थी। बहुत रोती थी। बिलकुल मध्यवर्गीय भारतीय छात्राओं की तरह। आँखों में गंगा-जमुना बहाती थी। सौभाग्यवश उसने परीक्षा उत्तीर्ण कर ली, यद्यपि नम्बर बहुत अच्छे नहीं मिले।

किम अपनी सहेली पारुल के यहाँ पहुँच जाती। पारुल पूर्वी दिल्ली में रहती थी। वह कई दिनों तक छुट्टियों में अक्सर पारुल के यहाँ रहती। पारुल के माँ-बाप किम को पारुल-जैसी ही मानते।

किम मेरे यहाँ भी आई। मेरी लड़कियाँ खासतौर पर छोटी बेटी सीमा से उसकी बहुत पटरी बैठती। किम मेरी पत्नी की सेवा भी करती। चोटी कर देती, कंघी कर देती और उनसे नाना प्रकार के भोजन की फरमाइश करती, जिनसे मेरी पत्नी बहुत प्रसन्न होतीं। हम लोग किम को लेकर मनोरंजन भी करते। किम खाने-पीने की शौकीन थी। हम पूछते, ''किम, तुम्हें हिन्दुस्तान में क्या पसन्द आया?''

किम पहले जबान से चटखारा लेने की आवाज करती, फिर लालच से थूक घूँटकर बोलती, ''इमली।''

हम पूछते, ''किम, जलेबी खाओगी?''

किम फिर उसी मुद्रा-चेष्टा में प्रसन्न, चकित होकर बोलती, ''जलेबी!''

सन् उन्नीस सौ इक्यासी में मुझे उत्तरी कोरिया जाना था। किम से मैंने कहा, ''किम, मैं कोरिया जा रहा हूँ।''

किम इतना प्रसन्न हुई कि पूरे क्लास के सामने ही नाचने लगी। मुझसे बोली, ''मैं आपको पत्र दे दूँगी, मेरे घर जरूर जाइएगा। मेरे भाई, माता-पिता से जरूर मिलिएगा।''

मैंने कहा, ''किम, मैं उत्तर कोरिया जा रहा हूँ।''

क्या आप विश्वास करेंगे, अगर मैं कहूँ कि छात्र-छात्राओं के सामने ही मेरी पीठ पर दो घूँसे लगाए? ''हाय, ये तो बहुत बुरी बात है'', फिर मुझे गम्भीरता से समझाया, ''उत्तर कोरिया में प्रजातंत्र नहीं है।''

मैंने कहा, ''वहाँ का नेता 'किम उल सिंग' तो वीर योद्धा है।''

किम ने रहस्यमय मुद्रा में धीमी आवाज में समझाया, ''असली किम उल सिंग तो मर गया, ये नकली है।''

यानी किम कामभर की कम्युनिस्ट विरोधी भी थी। इस समय किम संयुक्त राष्ट्र संघ के शिक्षा विभाग में कोई उच्च अधिकारी है।

लगभग एक वर्ष पूर्व अपनी बेटी के साथ मेरे यहाँ आई थी। करीब बारह-तेरह साल की लड़की। इतनी सुन्दर और इतनी भोली कि मानो किसी गुड़िया ने किसी गुड़िया को जन्म दिया हो! वह हिन्दी बिलकुल नहीं बोल पाती थी। वह समझ ही नहीं पाती थी कि मेरा परिवार उसको इतना ज्यादा प्यार क्यों करता है।

किम ने मेरे पास पढ़ने के लिए एक लेख भेजा—कोरिया के महान कथाकार किम-दांग-इन की कहानी 'कमजा' और प्रेमचन्द की कहानी 'कफन' का तुलनात्मक अध्ययन करते हुए। वह लेख पढ़कर मुझे लगा कि किम अब एक विश्वसनीय आलोचक भी हो गई है।

[मई, 2008]

दृष्टिहीन छात्रों की अन्तर्दृष्टि

आजादी पाने के बाद हम लोग स्थितियों की आलोचना ज्यादा करते हैं। आलोचना करना नागरिक स्वास्थ्य का लक्षण है, लेकिन ज्यादातर आलोचना वे लोग करते हैं, जिनकी आर्थिक हालत अच्छी है। आलोचना का काम अच्छाइयों को भी देखना है, केवल खामियों को नहीं। बुराई करना ईमानदारी का जरूरी लक्षण नहीं है। कभी-कभी तो यह भी देखा जाता है कि लोग वास्तविक समस्याओं की ओर से ध्यान हटाने के लिए बेवजह गैरजरूरी आलोचना करते हैं।

आजादी के बाद दलितों और नारी समाज की स्थिति पहले से बेहतर हुई है, इसमें कोई शक नहीं। इसी तरह शिक्षा और जनसंचार माध्यमों का अभूतपूर्व विस्तार हुआ है। इनका प्रभाव विश्वविद्यालयों की स्थिति और वातावरण पर अनेक रूपों में दिखलाई पड़ता है। इसी तरह विकलांग जनों की स्थिति सुधारने, समाज में उन्हें उचित स्थान दिलाने की ओर प्रशंसनीय कार्य हुआ है। योजनाएँ आई हैं। हिन्दी विभाग की उच्चतर कक्षाओं में दृष्टिहीन छात्र-छात्राओं की संख्या में बढ़ोतरी हुई है। दिल्ली विश्वविद्यालय के अनेक कॉलेजों में ऐसे अध्यापक नियुक्त हुए हैं। कभी-कभी उनकी जिजीविषा को देखकर रोमांच होता है, गर्व होता है और मनुष्य की कर्मठता पर आस्था बढ़ती है। कभी-कभी छात्र इन सुविधाओं का नाजायज फायदा भी उठाना चाहते हैं।

अभी कुछ दिन पहले मैं दयाल सिंह कॉलेज में भाषण देने गया, सुनील माडलीवाल के साथ। केदार मंडल ने निमंत्रित किया था। केदार मंडल खड़े होकर नहीं चल पाते। दोनों हाथों और दोनों पैरों के सहारे चलते हैं। यों वे स्वस्थ, गोरे, सुन्दर चेहरेवाले हैं, और क्या गजब की फुर्ती है! न कोई ग्रन्थि, न कोई कुंठा।

सामान्य व्यक्ति से अधिक चुस्त और सन्तुलित। लेकिन विकलांग छात्रों में ज्यादा संख्या दृष्टिहीन छात्र-छात्राओं की है, कम-से-कम हिन्दी विभाग में।

जब मैं मॉडल टाउन में रहता था, तो वहाँ मेरी तरह यानी पूर्वी उत्तर प्रदेश का एक विद्यार्थी अक्सर आता। वह किसी सरकारी छात्रावास में रहता था। वहीं उसके भोजन की व्यवस्था थी। कुछ छात्रवृत्ति भी मिलती थी। मैंने एक दिन उससे उस छात्रावास की स्थिति के बारे में पूछा, तो उसने जो उत्तर दिया, उसका मेरे ऊपर बहुत असर पड़ा। मुझे आजादी के पहले और बाद की स्थितियों में अन्तर समझने में आसानी हुई। उसने कहा, ''छात्रावास में जो भी अव्यवस्था हो, गाँव-घर से अच्छा हूँ। यहाँ कम-से-कम रहने की जगह है, खाना मिलता है और पढ़ाई कर रहा हूँ। गाँव-घर में तो घर के लोग, भाई-भतीजे तक दुत्कारते थे, बात-बात में 'अन्धरा' कहकर अपमानित करते थे। गाँव के लोग चिढ़ाते और मजाक करते थे। खाना ऐसे मिलता था, मानो भीख मिल रही हो! बाबू, जो कुछ कहो, हम लोगों की स्थिति पहले से बहुत अच्छी है। हाँ, जो लोग गाँव में ही रह गए हैं, उनकी हालत पहले-जैसी ही है और यह बात सिर्फ दृष्टिहीनों की ही नहीं है, कोढ़ियों, शारीरिक विकलांग, टी. बी. के मरीजों की भी है। दौड़-धूप करें, तो कोई पूछनेवाला तो अब है। पहले तो हम लोगों को घरवाले भी निकालकर कोठरी में फेंक देते थे।''

गाँव का हूँ और जानता था कि वह सच कह रहा है। अपना अनुभव बता रहा है। यह बिना आँखवाले की आँखिन देखी थी। झूठ नहीं था।

हिन्दी विभाग में अनेक दृष्टिहीन छात्र-छात्राओं का दाखिला होता है। ये छात्र-छात्राएँ प्राय: संगीत में रुचि भी रखते हैं और गाते भी अच्छा हैं।

1980-81 के आसपास मैं विभाग के छात्रों की संस्था 'साहित्य सभा' का अध्यापक परामर्शदाता था। तुलसी साहित्य के विशेषज्ञ डॉ. उदयभानु सिंह की इच्छा थी कि विभाग में तुलसी-जयन्ती मनाई जानी चाहिए। इस अवसर पर तुलसी काव्य का गायन भी होना चाहिए। अध्यापकों की राजनीति कभी-कभी अकल्पनीय स्तर तक पहुँच जाती है। दिल्ली विश्वविद्यालय के हिन्दी विभाग में तुलसी-जयन्ती नहीं मनाई जाती थी। विकल्प में कोई छात्र तुलसीदास नहीं पढ़ता था। कहा जाता था कि तुलसी को विकल्प पाठ्यक्रम में पढ़ोगे, तो नम्बर कम आएँगे। नम्बर आ भी गए, तो नौकरी नहीं लगेगी। इसका कारण दलित-चेतना का वर्चस्व नहीं था। कारण यह था कि तुलसी के अधिकारी विद्वान उदयभानु सिंह की उन दिनों विभागाध्यक्ष डॉ. नगेन्द्र से नहीं पटती थी और विभागाध्यक्ष की मान-मर्यादा को अक्षुण्ण बनाए रखनेवाले निष्ठावान शुभचिन्तकों की एक फौज थी, जो ये बातें छात्रों तक पहुँचा देती थी।

बहरहाल तुलसी-जयन्ती के अवसर पर काव्य-गायन करनेवाली छात्रा दृष्टिहीन थी। दौलतरात कॉलेज में पढ़ती थी। नाम शायद स्वर्ण था। उसने 'श्रीरामचन्द्र

कृपालु भज मन हरण भव भय दारुणम' इतने अच्छे ढंग से शास्त्रीय शैली में गाया कि श्रोताओं के लिए समारोह सार्थक हो गया। लेकिन सुकंठ सभी दृष्टिविहीन छात्रों का हो, ऐसा जरूरी नहीं। ऐसे छात्र-छात्राओं की कई विशेषताएँ देखने में आईं। मेरे देखने में ऐसा कोई दृष्टिहीन छात्र या छात्रा नहीं थी, जो पोशाक के प्रति लापरवाह हो। उनकी बुद्धि का स्तर भी सामान्य से कुछ ऊपर होता है।

विभाग में एक छात्र तो ऐसा भी था, जो अपनी दृष्टिहीनता का कुछ ज्यादा ही लाभ उठाने का प्रयास करता। पहले उसी की बात करता हूँ। छात्र पुरबिया था—भोजपुरी बोलता था। नाम भूल रहा हूँ। पढ़ने-लिखने में सामान्य था, लेकिन विभाग के अध्यापकों, विशेषतः पूर्वी उत्तर प्रदेश के अध्यापकों के पास काफी मँडराता रहता था। सम्बन्ध सबसे अच्छा बनाकर रखता था। सहानुभूति प्राप्त करने के लिए सबके यहाँ जाता था। पढ़ने में चाहे तेज न हो, लेकिन चेष्टाओं में कड़कड़ था। कविता करता, वाद-विवाद प्रतियोगिताओं में हिस्सा लेता, पुरस्कृत होता। तत्कालीन विभागाध्यक्ष डॉ. निर्मला जैन के यहाँ अक्सर दिखलाई पड़ता। चरण स्पर्श करता, उन्हें माँ कहता। दूर से ही माँ-माँ कहता हुआ लपकता।

प्रो. जैन यों भी सत्कार करने के लिए प्रसिद्ध हैं। उसका ध्यान रखतीं। हम लोगों से कहतीं, "मुझे देखकर यानी मेरे पास आकर उनकी मातृत्व भावना जाग उठती है।"

उसके आने पर हम सब मगन होते। इस सबकी परिणति उसकी नौकरी प्राप्ति, यानी किसी कॉलेज में लेक्चरर के तौर पर नियुक्ति में हो जानी चाहिए थी। वह हो नहीं पाई। किसी ने उससे कह दिया, "तुमको नौकरी-वौकरी नहीं मिलेगी, तुम कुर्सी बुनने का काम सीख लो।"

वे क्षुब्ध और कुपित हो गए। अनशन पर बैठ गए। इसके पहले एकाध बार इंटरव्यू दिया था। नहीं लिये गए थे। कहने लगे कि उनके साथ अन्याय होता है। हम उन्हें मनाने गए। पीछे बैनर पर एक कविता लिखी थी, 'विकलांग वर्ष, विकलांग वर्ष, विकलांगों के मन में अमर्ष, विकलांग वर्ष, विकलांग वर्ष।'

उस साल सरकारी स्तर पर 'विकलांग वर्ष' मनाया जा रहा था। हम उनके प्रिय अध्यापक माने जाते थे। हम पुरबिया भी थे। उनसे अवधी-भोजुपरी में बात करते थे। हमने कहा, "बेटे, अनशन छोड़ दो। इंटरव्यू में जाओ। तुम योग्य हो। तुम्हारी नियुक्ति हो जाएगी।"

लेकिन अनशन पर बैठे छात्र की शर्त थी—पहले वाइस चांसलर और विभागाध्यक्ष लिखित रूप में आश्वासन दें कि नियुक्ति हो जाएगी, तब अनशन से उठेंगे।

हमने कहा, "यों इंटरव्यू से पहले ही नियुक्ति का वायदा कैसे किया जा सकता है? फिर और छात्र भी तो इंटरव्यू देंगे। हो सकता है, कोई और दृष्टिहीन भी उम्मीदवार हो!"

वे नहीं माने। हम लोग निराश-असफल होकर लौट आए। वे बहुत दिनों तक अनशन पर बैठे रहे लेकिन उनकी माँग इतनी तर्कहीन थी कि वाइस चांसलर प्रो. गुरुबख्श सिंह उनके लिए कुछ नहीं कर सके।

मुझे एक दृष्टिहीन छात्र सुभाष रुपेला की याद है, जिसकी मेधा अद्‌भुत थी। वह पढ़ने में असाधारण था, तेज एवं कुशाग्र बुद्धि का था। इतना अच्छा इंटरव्यू देता था कि अध्यापक प्रशंसा करते। वह दिल्ली विश्वविद्यालय के ही किसी कॉलेज में अध्यापक है।

एक और छात्र था, जो लोगों के हाथ देखकर उनका भविष्यफल बताता रहता था।

राममिलन व्यास अतिशय विनम्र और पढ़ाकू रुचि के छात्र थे। उन्होंने एक गोष्ठी में मुझसे फैंटेसी का अर्थ पूछा था। अभी उनका फोन आया, तो पता चला कि उन्हें फैंटेसी की वह व्याख्या अब तक याद है।

रामअवतार शर्मा रामलाल आनन्द कॉलेज में अध्यापक हैं और उनकी पत्नी किरोड़ीमल कॉलेज में। दोनों देखने की क्षमता से वंचित हैं। रामअवतारजी प्राय: फोन करते हैं। लिखने-पढ़ने के बाबत बात करते हैं।

माल रोड पर एक दिन गाते हुए जा रहे थे—अपने-आपमें मगन। मैं करीब एक फर्लांग तक उनके पीछे-पीछे गाना सुनता हुआ चलता गया। पान की दुकान पर ठहरे। मैं भी रुका। रुकते ही पहचान गए। हम दोनों ने पान खाया। मैंने कहा, "रामअवतार, तुम तो बहुत अच्छा गाते हो।"

रामअवतार संकोच और शराफत में शरमाने लगे।

हम सबके व्यक्तित्व में कुछ-न-कुछ नोकें होती हैं। विकलांगों में नोकें भी होती हैं और न भी हो, तो लोग ढूँढ़ लेते हैं। अपनी नोक भूल जाते हैं। नीरव और प्रीति ऐसे दृष्टिहीन छात्र थे, जिनका सन्तुलित व्यक्तित्व अच्छों-अच्छों को विनम्र बना दे। मैंने इन दोनों को कभी क्रुद्ध, क्षुब्ध या उत्तेजित होते नहीं देखा, किसी की निन्दा करते नहीं सुना। इनकी कहानी, कहानी यानी जीवन-कथा अपनी विशिष्टता में असाधारण है। अनेक विकलांग या तो जरूरत से ज्यादा कड़क होते हैं या परसाईजी के शब्दों में, दूसरे की करुणा चुराते हैं। इनको हमने न जोर से कभी बोलते सुना, न हाय-हाय करते सुना।

नीरव अडालजा और प्रीति अडालजा सगे भाई-बहन हैं। नीरव किरोड़ीमल कॉलेज में और प्रीति दौलतराम कॉलेज में पढ़ते थे। भाई ने एम.ए. 1985 में किया और प्रीति ने 1988 में, हिन्दी में। पिता चित्रकार थे। 1965 में उन्हें पोलैंड सरकार की छात्रवृत्ति मिली—चित्रकला के अध्ययन के लिए। नीरव का कहना है कि 'आप उनकी यातना की कल्पना करें कि मेरे बाद जब प्रीति भी जन्मान्ध पैदा हुई। दो सन्तानें और दोनों अन्धी।' प्रीति अडालजा कविता करती हैं। उन्होंने माँ-बाप की

इस यातना के बारे में लिखा है, 'जिस दिन मुझको जनम दिया था, अपने लिए अग्निपथ सृजा था।'

दोनों सन्तानें एक बात जरूर कहती हैं—'हम जो कुछ हैं, अपने माँ-बाप की वजह से। हमारे माँ-बाप ने जिस धैर्य और साहस तथा कल्पना से हमें पाला-पोसा, वह अकल्पनीय है। वे बिलकुल नहीं घबराए, बल्कि विपत्ति का सामना किया। अपने आचरण में हमें विपत्ति का सामना करना सिखाया।'

माँ का नाम रंजन और पिता का नाम जीवन। माँ अध्यापिका थीं, शायद किसी स्कूल में। पहली बात यह कि माँ-बाप ने इनका प्रवेश किसी विकलांग विद्यालय में नहीं कराया। बच्चों से कहा, 'बच्चो, तुम संघर्ष करो, शुरू में थोड़ी तकलीफ होगी, लेकिन देखो, यह दुनिया आँखवालों की है। तुमको उन्हीं की दुनिया में रहना है। इसलिए आँखवालों के साथ उन्हीं जैसा रहने का अभ्यास करो। अपने को उनसे अलग न समझो। इसमें बहुत दिक्कत पड़ेगी, लेकिन यह दिक्कत आजीवन झेलनी है। इसकी आदत अभी से डालो।'

मैंने पूछा, "लेकिन तुमने पढ़ना-लिखना शुरू कैसे किया ? तुम अक्षर देख तो सकते नहीं थे, उन्हें पहचाना कैसे ?"

"पिता ने बढ़ई से लकड़ी के अक्षर कटवाकर उन पर हमारी अँगुलियाँ फिरा-फिराकर हमें उनका बोध कराया। प्लास्टिक के अक्षर ले आए। उनसे बोध कराया। फिर हमारी उँगलियों में कलम देकर हमें लिखने का अभ्यास कराया। सर, हमने ब्रेल लिपि नहीं सीखी। शुरू-शुरू में बहुत दिनों तक माँ ही पढ़-पढ़कर हमारी तैयारी कराती रहीं। माँ-बाप ने हमारे लिए खुद को अन्धा बना लिया। इतना धैर्य और इतनी तपस्या की आज याद करके रोना आ जाता है। हमारा एडमिशन सामान्य स्कूलवाले नहीं करते थे। माँ-बाप कहते, 'ये बच्चे अच्छे नम्बर लाएँगे।' माँ-बाप इतनी तैयारी कराते कि हम क्लास में सबसे अच्छे नम्बर लाते।"

नीरव ने हाई स्कूल पत्राचार से किया। मैंने इसे एम.ए. में देखा। वह अन्य दृष्टिहीन छात्रों से थोड़ा अलग मालूम पड़ता। शान्त रहता, कम बोलता। कुछ पूछता, तो पता चलता कि क्लास में हमारी बातें बहुत ध्यानपूर्वक सुनता है। उसे देखकर मुझे सबसे पहली बात जो लगी, वह थोड़ी अजीब थी। वह शान्त, सुन्दर व्यक्तित्व का था, लेकिन दृष्टिहीन दिमाग में अजीब बातें आती हैं या सहज-स्वाभाविक बातें भी अजीब लगती हैं। मुझे लगता कि वह कभी नहीं जान पाएगा कि वह देखने में कितना अच्छा लगता है, लेकिन उसकी इस कमी की क्षतिपूर्ति बहुत सन्तोषजनक ढंग से हो गई। वह अक्सर एक निहायत सुन्दर लड़की यशोदा के साथ दिखलाई पड़ता। वह इसका हाथ पकड़े इसे वांछित क्लास में सीट पर बिठला देती। इसे पढ़कर सुनाती भी होगी। वह भी उतनी ही शान्त, विनम्र और मितभाषी थी, जितना कि नीरव। एक अन्तर था, नीरव को मुस्कुराते हुए मैंने कभी

नहीं देखा। यशोदा रह-रहकर मुस्कुराती। मतलब यह कि जो कुछ मैं कर रही हूँ, उसके प्रति जिम्मेदारी से आश्वस्त हूँ। ऐसी सहजता, स्वाभिमान और नैतिकता ही मिलकर ऐसी मुस्कान पैदा करते हैं।

नीरव गुजराती वैश्य और यशोदा उत्तराखंड के ब्राह्मण परिवार से। आप जानते हैं, उत्तराखंड में ब्राह्मण जात-पाँत के मामले में प्रायः संरक्षणशील होते हैं। यशोदा को बहुत कुछ सहना, झेलना पड़ा होगा। दोनों की शादी हुई। यशोदा किसी हाई स्कूल में पढ़ाती है। शादी के बाद नीरव तो प्रायः मिलते हैं, यशोदा एकाध बार ही मिली है। मैंने उनके बच्चे को देखा। बच्चा पूर्ण स्वस्थ है। माँ-बाप की ही तरह सुन्दर है। आशा है, सुशील भी वैसा ही होगा।

प्रीति अडालजा को मैंने इस तरह जाना कि मेरी छोटी बेटी सीमा ने बी.ए. की परीक्षा में उसके लेखक का काम किया। गुरुवर आचार्य हजारी प्रसाद द्विवेदी की ज्येष्ठा पुत्री इन्दुमतीजी वहाँ अध्यापिका थीं। उन्होंने सीमा को यह काम दिया होगा। प्रीति कद में छोटी, मधुरभाषी और संकोची थी। उसने द्विवेदीजी के साहित्य पर शोध किया। वह प्रकाशित हुआ और मुझे पढ़ने को मिला। वह लेडी श्रीराम कॉलेज में अध्यापिका नियुक्त हो गई। सुनकर मुझे लगा कि जरूर योग्य होगी। मैं जब वहाँ जाता, प्रीति से भेंट होती। वहाँ की प्रिंसिपल मीनाक्षी गोपीनाथ बहुत योग्य एवं संस्कारी हैं। उतने अच्छे लोग आजकल कम देखने में आते हैं, लेकिन प्रीति के बारे में मेरी जानकारी बहुत अपर्याप्त रहती, अगर एक दिन उसका फोन न आता और वह फोन पर एक गजल गाकर न सुनाती, इतना सधा स्वर! हिन्दीवाले अक्सर उर्दू अशआर ठीक से नहीं पढ़ पाते, लेकिन प्रीति की अदायगी निर्दोष थी। मुझे बहुत अच्छा लगा।

एक दिन एक और फोन आया, ''सर, आपने मुक्तिबोध पर जो टिप्पणी की है, वह पढ़ी। बहुत अच्छी है।''

मैंने समझा कि इसकी रुचि पढ़ने में बनी है। एक दिन प्रीति ने निराला का गीत 'आज प्रथम पिक पंचम गाई' सुनाया, राग वसन्त में। अरे वाह, प्रीति तो निराला के गीत राग में बाँधकर इतना अच्छा गा सकती है! मेरे मन में यह बहुत इच्छा है—महत्त्वाकांक्षा समझिए कि निराला, प्रसाद, पन्त आदि का काव्य वैसे गाया जाए या उसका प्रयास किया जाए जैसा कि अन्य कवियों का काव्य गाया जाता है, यानी काव्य-जैसा लोकप्रिय तो वह नहीं हो पाएगा, लेकिन कुछ तो हो जाएगा।

एक दिन मैंने सुना पं. ओंकारनाथ ठाकुर को पटमंजरी (राग) में महादेवी वर्मा की कविता 'मैं नीर भरी दुःख की बदली' गाते हुए और पं. भीमसेन जोशी को 'वीणा वादिनी स्वर दे' गाते हुए सुना। मैं धन्य हो उठा।

प्रीति का विवाह प्रकाश से हुआ। वे बैंक में सर्विस करते थे। अब स्वेच्छा से अवकाश ले लिया है। सुशील युवक है। प्रीति का कहना है, ''खाना बहुत अच्छा बनाते हैं।''

मैंने प्रीति को किसी साहित्यिक आयोजन में काव्य-गायन के लिए निमंत्रित करने की बात की, तो बोले, ''मैं ले आऊँगा, ड्राइव करके।''

वे साहित्यिक रुचि के हैं और अपनी पत्नी को पढ़कर अक्सर सुनाया करते हैं।

अभी कुछ दिन पहले रात 10:30 बजे फोन आया। बड़ी झुँझलाहट हुई। उधर से प्रीति की आवाज आई, ''सर, क्षमा कीजिएगा। मैं अपने को रोक नहीं पाई। निराला का गीत 'दलित जन पर करो करुणा' राग ललित में बाँधा है।''

मैंने सुना। कई बार सुना। दो बातें दिमाग में आईं। निराला होते तो उन्हें कैसा लगता? रामविलास शर्मा सुनते तो कितने प्रसन्न होते! दिल्ली में साहित्यिक समारोहों का प्रारम्भ ऐसे राग बहुल गीतों से हो, तो कितना अच्छा हो! हम एक छोटे स्तर पर ही सही, एक सांस्कृतिक आन्दोलन की शुरुआत नहीं कर सकते?

[जून, 2008]

वह छात्र जिसे दलित होने पर गर्व है

स्वातंत्र्योत्तर भारत में जनमी नई पीढ़ी के लिए, विशेषतः नगरों-महानगरों की पीढ़ी के लिए, यह समझ पाना मुश्किल है कि भारत में दलित होने का मतलब क्या होता था, वह भी शताब्दियों से शायद सहस्त्राब्दियों से। हिन्दी में 'वर्ण-व्यवस्था' शब्द बहुत प्रचलित है। 'वर्ण' शब्द के कई अर्थ होते हैं। तीन अर्थ विदित हैं—'वर्ण' माने रंग, 'वर्ण' माने किसी भाषा में स्वर-व्यंजन और 'वर्ण' माने जाति। वर्ण शब्द के इन भिन्न प्रतीत होनेवाले अर्थों में आन्तरिक साम्य है। इन तीनों अर्थों का आधार है वह तत्त्व जो पहचान कराता है। रंग के ही आधार पर आँख पहचान पाती है—असंख्य-असीम ध्वनियों में से वर्ण ही भाषा ध्वनि की पहचान कराते हैं। इसीलिए वर्ण-व्यवस्था को माननेवाला वर्ण (जाति) के ही आधार पर मनुष्य की पहचान करता है। आप किस वर्ण के हैं, इससे पता चलता था कि आप क्या हैं ? इसीलिए आपसे सबसे पहले पूछा जाता था कि आपकी जाति क्या है ? इस विषय में मेरी उम्र के और दूसरे लोगों के भी अनेकानेक संस्मरण होंगे।

बचपन में पढ़ने गाँव से बलरामपुर जाता था। गैंसड़ी स्टेशन पर ट्रेन पकड़नी होती। पैदल चलते कोई अनजान राहगीर मिलता। पूछता, 'कौन जात हो ?' मैं कहता, 'बामन।' सुनते ही वह बोलता, 'पाय लागी बाबू' या पास आकर पैर छूता। कोई और किसी से पूछता, 'कौन जात हो ?' वह अगर दलित जाति बताता, तो लोग तिरस्कार से कहते, 'अच्छा।' कई जमींदार टाइप के लोग तिरस्कारसूचक वाक्य भी बोलते। गाली देते।

गाँव से गैंसड़ी स्टेशन के रास्ते के अनेक अनुभव हैं। रास्ता क्या था, कच्ची धूलभरी सड़क, बरसात में गड्ढों से भरी, पहाड़ी नदियाँ पार करनी होती, एक नाव

से, दूसरी पैदल। मैं सामान थोड़ी-थोड़ी दूर पर रखकर सुस्ताता, फिर चलता। वह रास्ता, उसके दृश्य और अनुभव मेरे रक्त में डूबे हैं। एक बार मुझे जोर की प्यास लगी। चटक प्यास। ऊपर तेज धूप। गड्ढों में पानी था, लेकिन दूर तक न कोई गाँव था, न कुआँ। कुआँ होता भी तो मेरे पास लोटा, डोर नहीं था। मैं प्यास से व्याकुल हो रहा था। थोड़ी दूर और चला, तो एक बागीचा, घर मिला। कुआँ था। एक अधेड़ आदमी तुलसी की कंठी माला पहने पानी भर रहा था। मैं खुश हो गया। कहा, ''बहुत जोर से प्यास लगी है, पानी पिला दो।''

उसने कहा, ''लो, पानी पी लो।''

मैंने हाथ बढ़ाया, उसने एकाएक पूछा, ''कौन जात हो?''

मैंने कहा, ''बामन।''

उसने लोटा रोक लिया। बोला, ''पायलागी महाराज, तुम्हें हम पानी नहीं पियाय सकित। (तुम्हें मैं पानी नहीं पिला सकता।) मैं (उसने पूर्व कथित चमार कहा) दलित हूँ।''

मैंने कहा, ''भाई, मैं प्यास से मरा जा रहा हूँ। जात-पाँत इस समय मत देखो, मुझे पानी पिलाओ।''

''महाराज, हम आपन धरम भरिस्ट नाहीं करब। बामन देउता को हम अपने लोटे से पानी नाही पियाइब। तोहरे पास लोटा-डोर तो होगी?''

मैंने कहा, ''नहीं।''

तो उसने कहा, ''कैसे बामन हो, लोटा-डोरी लइके नहीं चले! अब महाराज, हम्मे आसिरबाद देउ और छिमा करौ। चले जाउ, आगे एक बनिया का घर है, वहीं पानी पी लेव।''

बिना कुछ कहे-सुने वह अन्दर घर में चला गया और मैं प्यास से बिलबिलाता आगे की ओर रेंगा। आगे थोड़ी दूरी पर एक बनिया की दुकान थी। उसने बामन जानकर गुड़ खिलाकर, पानी पिलाया और धरम कमाया।

बलरामपुर में पढ़ते समय की एक घटना याद आती है। सातवीं क्लास में पढ़ रहा हूँगा। राष्ट्रीय स्वयंसेवक संघ की शाखाओं में जाता था। सक्रिय था। वहाँ प्रवचन दिया जाता था कि हिन्दुओं को संगठित होना चाहिए। मैं हिन्दुओं को संगठित करने के प्रयास में लग गया। एक सहपाठी था—नानक प्रसाद। सीधा-सादा। टोपी पहनता था। उससे कहा, ''मेरे साथ-साथ शाम को शाखा में चलो। हिन्दुओं को संगठित होना चाहिए।''

उसने कहा, ''मुझे शाखावाले अपने साथ रखेंगे?''

मैंने कहा, ''हिन्दू-हिन्दू एक हैं। हम सब साथ खाते-पीते हैं। तुम चलो।''

वह हमारे साथ हो लिया।

उस समय मथुरा से एक प्रचारक आए थे, उनका नाम था—मुरारीजी। सुन्दर नौजवान थे। मैंने परिचय कराया। मुझे नानक की जाति का पता था। मैंने आश्वस्त भाव से कहा, ''ये स्केवेंजर हैं।'' कहीं अंग्रेजी किताब में सफाई कर्मचारी जाति के लिए यह शब्द पढ़ा होगा।

मुरारीजी ने हँसकर व्यंग्य में कहा, ''मुझे इतनी अंग्रेजी नहीं आती।''

मैंने हिन्दी में जाति बताई। सुनते ही वे गम्भीर हो गए। सामने कुछ नहीं कहा। उसके जाने पर मुझसे कहा, ''उसे मत लाओ। शेष स्वयंसेवक आपत्ति करेंगे।''

उस समय दलित जातियों के बच्चे स्कूलों में बहुत कम दिखलाई पड़ते थे। प्राइमरी स्कूल में हमारे एक मास्टर थे। फैशन से रहते थे। साफ-सुथरे रहना बहुत अच्छा नहीं माना जाता था गाँव में। लोग पीछे धीमे से कहते, 'धोबी है।' अहीर लड़के तो बहुत कम होते थे। कोई आता भी तो मास्टर उन्हें ताना देकर गाली-गलौज करके बात-बात पर पीटकर भगा देते, 'तुम सरऊ पढ़ोगे तो दूध कौन दुहेगा?' या 'हजामत कौन बनाएगा?' आदि।

मेरा एक सहपाठी राम प्रसाद (पासी) था। भूरी आँखोंवाला, गोरा। उसके पिता का नाम सकटू था। सकटू को अपने बच्चे को पढ़ाने का बहुत शौक था। मुसलमानों, धुनियाँ, डफाली और कुंजड़ों के बच्चों की भी यही हालत थी।

दिल्ली विश्वविद्यालय में 1970 के बाद स्थितियों में परिवर्तन साफ दिखलाई पड़ने लगा। हिन्दी विभाग में सवर्ण छात्राओं की संख्या तो पहले से ही ज्यादा थी। आठवें दशक से दलित छात्र-छात्राओं की संख्या भी बढ़ने लगी। शुरू-शुरू में वे थोड़ा सहमे रहते। अपनी जाति संकोच से बताते, लेकिन धीरे-धीरे संकोच की जगह एक प्रकार के आत्मविश्वास और कहीं-कहीं तो आक्रामकता ने ले ली।

छात्र-छात्राओं को अच्छे नम्बर लाने के लिए पढ़ना तो पड़ता ही है। पढ़ने के साथ-ही-साथ कुछ और भी रास्ते अपनाते हैं, लेकिन दलित छात्र-छात्राओं के सामने सिर्फ एक रास्ता रहता है कि वे दलित हैं, उन्हें आरक्षण मिला है।

विश्वविद्यालयों में सवर्ण अध्यापकों में उस समय तक उनके प्रति या तो तिरस्कार का भाव होता था या दया का। धीरे-धीरे इस स्थिति में भी परिवर्तन हो रहा है।

चन्द्रभान नवें दशक के प्रारम्भिक वर्षों में एम.ए. हिन्दी के छात्र बने। मैं झोलाधारी अध्यापक था। क्लास के बाद सीधा घर नहीं जाता था। आर्ट्स फैकल्टी में पुस्तकालय की ऊपरी मंजिल के रिसर्च फ्लोर पर जाता। वहाँ विद्यार्थियों के साथ चाय पीता, कभी-कभी खाना भी खाता। गप्पें मारता। साहित्य, जीवन, राजनीति पर जमकर बहस करता। यहीं मेरी भेंट चन्द्रभान से हुई। चन्द्रभान को मैंने एम.ए. के छात्र के रूप में नहीं, पी-एच.डी. शोध-छात्र के रूप में जाना। डॉ. तारकनाथ बाली के निर्देशन में 'आचार्य रामचन्द्र शुक्ल की इतिहास दृष्टि' पर काम कर रहे थे।

चन्द्रभान ज्यादा नहीं बोलते थे। जब बोलते, काम की बात बोलते। जब कुछ बोलने को हो तभी। रस सब चीजों में लेते। कपड़े-लत्ते ठीक-ठाक। भड़काऊ बिलकुल नहीं। जब बोलते, तो मेरा मन उनकी बात सुनने को करता। गोविन्द प्रसाद, चारुमित्र, अजय तिवारी आदि उनके मित्र थे। पता चला कि किसी स्कूल में पढ़ाते हैं, यानी पढ़ाते भी हैं और पढ़ते भी हैं। यही स्थिति गोविन्द प्रसाद की भी थी।

चन्द्रभान में एक अजीब तेवर था। दलित छात्र तब तक या तो सहमे रहते, या आक्रामक होते। चन्द्रभान न सहमे रहते, न आक्रामक होते। यह मुझे अजीब लगता। ऐसा दलित व्यक्तित्व मैंने तब तक नहीं देखा था। एक असीम, अकुंठ स्वाभिमान था। चन्द्रभान के रूप में मैंने ऐसा पहला व्यक्ति देखा, जिसे दलित होने का स्वाभिमान था। ऐसा नहीं कि उनमें ब्राह्मणवादी व्यवस्था के प्रति घृणा नहीं थी या कि वे जाति-प्रथा के घिनौने इतिहास से परिचित नहीं हैं। उनका इतिहास-बोध तीव्र है। शायद इसीलिए वे व्यवस्था को मनोविकारों की बजाय ऐतिहासिक प्रक्रिया के रूप में देखते हैं। वर्ण-व्यवस्था को लेकर ऐसी सहजता तभी सम्भव है और यह सिर्फ चिन्तन में नहीं, उनके आचरण में भी दिखलाई पड़ती है। यह सब देखकर मैं उनके व्यक्तित्व से चकित भी था और प्रभावित भी। मन-ही-मन मैं उन्हें सराहता। मैं अध्यापक था। वे मेरा यथोचित सम्मान करते। सम्मान का दिखावा बिलकुल नहीं। दिखावा चन्द्रभान शायद कर ही नहीं सकते।

चन्द्रभान कहते हैं कि छात्र-जीवन में उन्होंने कोई प्रेम-व्रेम नहीं किया। गलत नहीं कहते होंगे। एक लड़की थी, जिसे मैं अक्सर उनके साथ देखता। मुझे छात्र-छात्रा को एक साथ देखकर बुरा तो लगता ही नहीं, अच्छा लगता है। यूनिवर्सिटी का वातावरण लड़कियों को कम-से-कम जीवन के कुछ वर्षों तक मुक्त वातावरण तो देता है।

एक दिन विभाग में देखा, कोई नहीं है। वह लड़की सोफे पर लेटी है, तेज बुखार है। विभाग का चपरासी नहीं था, मैंने उसे एक गिलास पानी दिया। शायद कोई दवा भी दी। बाद में इसके लिए उसने मेरी बहुत तारीफ की, फिर पता नहीं क्या हुआ, वह लड़की नहीं दिखी रिसर्च फ्लोर पर। कहते हैं कि चन्द्रभान ने किसी बात पर नाराज होकर उसे डाँट-डपट दिया था।

चन्द्रभान ने पी-एच.डी. में काफी समय लगाया। बड़ी मेहनत की। सामान्यत: छात्र पी-एच.डी. करने के बाद बात ही नहीं करते, उससे पहले एम.ए. करते ही नौकरी के लिए दौड़-धूप शुरू कर देते हैं। पी-एच.डी. तो सामान्यत: की ही जाती है, कॉलेज में लेक्चरर बनने के लिए। चन्द्रभान को कभी नौकरी के लिए दौड़-धूप करते नहीं देखा-सुना। दौड़-धूप शब्द का प्रयोग उनके लिए ठीक नहीं। मुझे याद नहीं पड़ता, उन्होंने कभी नौकरी के लिए मुझसे बात की हो। रिसर्च फ्लोर पर बैठनेवाले उनके मित्रों में शायद ही कोई ऐसा हो, जो अब किसी कॉलेज या

विश्वविद्यालय में न हो। उनका न होना इसलिए अखरता है, क्योंकि उनका व्यक्तित्व ठेठ अध्यापकीय है। उनकी एक कविता है—'शिक्षक'। उसकी कुछ पंक्तियाँ हैं—

आप 'अ' बोलते हैं, अमृत हो जाते हैं बच्चे
आप 'आ' बोलते हैं, आग पेट की भूल जाते हैं बच्चे
आप 'इ' बताते हैं, इधर है रास्ता समझ जाते हैं बच्चे।

इस जमाने में जब प्राय: आदमी जहाँ नौकरी करता है, वहाँ नहीं रहता। वह उससे आगे की नौकरी की जुगाड़ में चलायमान रहता है, चन्द्रभान ने विश्वविद्यालय आने में कोई रुचि नहीं दिखाई। इसका मतलब यह भी नहीं कि उनकी अपने विभाग में पदोन्नति नहीं हुई। वे अब शिक्षा अधिकारी हैं, दिल्ली नगर निगम में। चन्द्रभान के बाबा गंगा सहाय आजाद हिन्द फौज में थे—दृढ़ प्रकृति और चरित्र के। चन्द्रभान के व्यक्तित्व के निर्माण में उनका बहुत बड़ा हाथ है। चन्द्रभान परिवार में सबसे ज्यादा आत्मीयता अपनी माँ से अनुभव करते हैं। यह आत्मीयता उनकी कविताओं में व्यक्त हुई है। हाई स्कूल पास करते ही उन्हें नौकरी करनी पड़ी और वे टीचर हो गए। उन्होंने परिवार के सदस्यों को सँभालते हुए खुद भी पढ़ाई की। एम.ए. किया और पी-एच.डी. की।

मैं दिलशाद गार्डन आ गया था, जब मुझे उनकी शादी का निमंत्रण पत्र मिला। उनकी शादी के बारे में मुझे इतना याद है कि बहुत आडम्बरहीन थी और भोजन बहुत स्वादिष्ट था।

सुनन्दा, विवाह के पूर्व जिनेटिक्स में पी-एच.डी. कर रही थी। विवाह के बाद वह जोधपुर से दिल्ली आ गई। शोध-कार्य रह गया। आप सुनन्दा को देखें और उसके साथ कुछ समय रहें, उससे बातें करें, उसके हाथ का भोजन करें, तो आप समझ जाएँगे कि नारी को शक्ति क्यों कहा जाता है। मैंने उसे कभी क्षुब्ध, अशान्त, घबराया या हड़बड़ी में नहीं देखा। आश्वस्त करनेवाला व्यक्तित्व है उसका। ये दोनों किसी का कितना सहारा बन सकते हैं, इसका पता मुझे इनके और दिनेश शर्मा के सम्बन्धों से लगा।

दिनेश शर्मा काशी के थे। विनोद शंकर व्यास (प्रसाद के समकालीन प्रसिद्ध कहानीकार) दिनेश शर्मा के पितामह थे। इनका सम्बन्ध स्वामी दयानन्द सरस्वती से जुड़ता है। दिनेश शर्मा हिन्दी साहित्य के सचल, सजीव अभिलेखागार थे। उन्होंने आजीवन एक ही काम किया, दुर्लभ पुस्तकें, पत्रिकाएँ, दस्तावेज संगृहीत किए। लोग इस धन्धे में अकूत सम्पत्ति कमा लेते हैं। दिनेश शर्मा संग्रह करते थे, बेचते नहीं थे, इसलिए पैसे से तंग रहते थे। छोटे कद के पतले उम्रखोर आदमी। 'श' और 'स', नहीं बोल पाते। 'श' और 'स', को 'क' कहते—कीढ़ी के कन्दूक ले जाओ (सीढ़ी से सन्दूक ले जाओ)। श्याम सुन्दर दास को 'क्याम कुन्दर दाक' कहते। लोग मजाक उड़ाते। उन्हें दिनेक कर्मा कहते। वे आजीवन अविवाहित रहे। अनिकेतन

रहे। जब तक शरीर साथ देता रहा, इधर से उधर साहित्य बटोरते रहे। सामग्री कहाँ रखें, इधर से उधर उसे रखते, हटाते रहे। अस्वस्थ, वृद्ध होने पर कौन सेवा करें? मैं उन्हें अक्सर चन्द्रभान के यहाँ देखता। सुनन्दा और चन्द्रभान उनकी सेवा करते। खोज-खबर लेते। अन्तिम समय में दिनेशजी को फिस्चुला का कैंसर हो गया। फिस्चुला का कष्ट भयंकर होता है। वे पांडव नगर के किसी मकान के एक कमरे में पड़े रहते। चन्द्रभान ने व्यवस्था कर दी थी कि कोई आदमी उनकी देखरेख करे। रात को उनके साथ रहे। ये दोनों वहाँ जाकर उनकी देखभाल करते, रुपए-पैसे की भी व्यवस्था करते। एक बार मुझे भी लेकर चन्द्रभान उनको देखने गए। दिनेश शर्मा शान्त लेटे थे। वाणी में वही कड़क थी। नर्सिंग होमवालों ने जवाब दे दिया था। चन्द्रभान ने चाय बनाई, उन्हें पिलाई, फिर आने का वायदा किया। यह शायद अन्तिम भेंट थी। अन्तिम दिनों में उनकी देखभाल चन्द्रभान दम्पति ही करता था।

चन्द्रभान पढ़ाकू हैं। इधर कई वर्षों में जो सबसे अच्छी किताब मैंने पढ़ी—'चार्ली चैपलिन की आत्मकथा', वह उन्होंने ही पढ़ने के लिए दी थी। मैक्सिम गोर्की के 'मेरे विश्वविद्यालय' उनकी प्रिय पुस्तक है। मुक्तिबोध के काव्य-संकलन 'भूरी-भूरी खाक धूल' पर एम. फिल में काम किया था। एक बार जब मैंने पूछा, "आपने पी-एच.डी. के लिए रामचन्द्र शुक्ल को क्यों चुना?"

वे बोले, "क्योंकि वे मुझे निहायत चैलेंजिंग लगते हैं।"

बाबा साहब अम्बेडकर पर लिखी सभी जीवनियाँ उनके पास होंगी। मुझे याद आती हैं उनकी दो कविताएँ—

सुबकता आदमी

सुबकते आदमी की पुतलियाँ
गुम हो जाती हैं
पलकें ढल जाती हैं
टपकते छप्पर की ओलातियों की तरह
सुबकते आदमी का जबड़ा
ढीला होकर बेतहाशा लटक जाता है
दाँत धँसकर उभरना चाहते हैं
गालों की अजीब दलदल से
जीभ फड़फड़ाकर रह जाती है
खारी-सी झील में
सुबकते आदमी का
चेहरा सुन्न
मगर गुफा के भीतर जैसे

समुद्र दहाड़कर रह जाता है
खुद के सामने सुबकता हुआ आदमी
कितना अजनबी हो जाता है!

कालू : खाली पेट सीवर में

अँधेरे में चाहे कितना ही
गू-मूत गिजबिजाता मिले
पर देश की नाक पर वह
बैठने न दे मक्खी
वाह! हिन्दुस्तान, वाह!
महात्मा की बकरी
खाए किशमिश
धन्ना सेठ की कुतिया
आइसक्रीम
और मेहनतकश
इनसान को मिले
सीवर में
सौ फीसदी आरक्षण।

[जुलाई, 2008]

सर! आप हमारी चिन्ता न करें

लगभग 40 वर्षों के अध्यापकीय जीवन में मैंने अनेक प्रकार के विद्यार्थियों को पढ़ाया है। उनमें से सबको जानने-पहचानने का अवसर नहीं मिल सकता था। यह असम्भव था। जिन छात्र-छात्राओं को जाना, जिनसे मिलने-जुलने का अवसर मिला, उनकी भी संख्या बहुत है। उन सबके बारे में लिख पाना भी सम्भव नहीं। छात्र-छात्राओं में, उनकी समस्याओं में रुचि लेने और उन्हें ठीक से समझने की क्षमता भी मुझमें धीरे-धीरे आई। शुरू में मैं अपने को तेज़ू खाँ और छात्र-छात्राओं को अपने से कमतर मानकर उनकी उपेक्षा करता था। धीरे-धीरे पता चला कि उनमें से कई कठिन जीवन संघर्ष करते हैं और अनेक छात्र अपने अध्यापकों से कम से कम मुझसे ज्यादा सन्तुलित हैं। उनकी समस्याओं को समझिए, तभी उनकी क्षमता का भी पता चलता है। यों भी हिन्दी पढ़नेवाले छात्र-छात्राओं में अधिकांश निम्न मध्यवर्ग के होते हैं। विश्वविद्यालय में अध्यापक हो जाना उनका शायद सबसे बड़ा स्वप्न होता है। कह सकते हैं कि जब मैंने अध्यापकीय जीवन शुरू किया था तब। आजकल तो संघ लोक सेवा आयोग की परीक्षाओं में हिन्दी माध्यम से परीक्षा देनेवालों की कमी नहीं है। दिल्ली विश्वविद्यालय में कामकाजी छात्राओं के लिए या सीधे विश्वविद्यालय के किसी कॉलेज में प्रवेश न पा सकनेवाली छात्राओं के लिए अलग से अध्यापन की व्यवस्था है, इसी तरह पत्राचार निदेशालय भी है। इनमें जो छात्र-छात्राएँ प्रवेश लेते हैं, वे कर्मठ और अपने काम के प्रति जिम्मेदार होते हैं। इनमें आवारागर्दी, छेड़छाड़, मारपीट की गुंजाइश ज्यादा नहीं होती।

अध्यापन के बारे में कुछ लोगों की राय है कि अध्यापक होना बहुत आसान या मौज-मस्ती का काम है। कुछ लोग ऐसे जरूर होते हैं, जो हर जगह मौज-मस्ती कर लेते हैं, लेकिन क्लास में पचास-साठ छात्र-छात्राओं को सँभालना अपने-आपमें कोई आसान काम नहीं। छात्रों की प्रतिक्रियाएँ तात्कालिक होती हैं। वे कई तरह से, प्रायः शारीरिक तौर से, आपकी आँखों के सामने ही अपनी प्रतिक्रियाएँ प्रकट करते हैं। वे क्लास छोड़कर जा सकते हैं, शोर मचा सकते हैं, जूते घिस सकते हैं, आपसे सीधे कह सकते हैं कि आपकी बात समझ में नहीं आ रही या यह तो हम पहले से जानते हैं या यह पहले पढ़ाया जा चुका है और आप इस पर उनके खिलाफ कोई वैधानिक कार्रवाई नहीं कर सकते। उस तरह की कार्रवाइयाँ, जो पहले प्राइमरी कक्षाओं में होती थीं, वे अब यहाँ नहीं हो सकतीं। आप ही सुरक्षित रहें, तो खैर मनाइए। प्रायः सभी अध्यापकों का छात्रों के बीच कोई-न-कोई नाम होता है, गुण-नाम कहना चाहिए, उनकी व्यावहारिक विशेषता के आधार पर। शारीरिक विशेषता के आधार पर नाम रखना सबसे आसान और ज्यादा होता है—टिंकू साहब, छोटे भाई साहब, लम्बू, नक्कू, झटका गुरु, टेढ़े साहब, जेट ब्लैक, लाइन मारक, लोमड़ी ऐसे कुछ नाम हैं, जो लिखे जा सकते हैं, न लिखी जा सकनेवाली उपाधियाँ कहीं ज्यादा हैं। अध्यापकों से कॉलेजों में छात्र डरते नहीं। उन्हें या तो सम्मान देते हैं या उपेक्षा या घृणा या हास्य का पात्र बना देते हैं। सब प्रत्यक्ष, आँखों के सामने। अध्यापकों को यह सब झेलते हुए तनख्वाह मिलती है। इधर-उधर होने पर पोस्टर, पैंफलेट और पर्चे। इनमें अध्यापकों के लिए गाली और अश्लील शब्दों का प्रयोग न करने की कोई परम्परा नहीं है। अपने विभाग ही में मैंने ऐसे दृश्य देखे हैं। आप कल्पना करें कि छात्रों का समुदाय आपको घेरे हुए है और छात्र आपकी बखिया उधेड़ रहे हैं। आपकी सन्तान खड़ी देख रही है। नेताओं के विरुद्ध जुलूस निकालना, नारे लगाना एक बात है और अध्यापकों के विरुद्ध जुलूस निकालना, व्यक्तिगत आचरण पर नारे लगना दूसरी बात है। अध्यापकों को अधिकारियों से बचाया जा सकता है, विद्यार्थियों से नहीं।

एक बार विभाग में मुझसे और डॉ. नित्यानन्द तिवारी से जवाब-तलबी की गई। हम दोनों तत्कालीन प्रो-वाइस चांसलर प्रोफेसर कौल के पास गए। प्रोफेसर कौल अंग्रेजी विभाग के अध्यक्ष रह चुके थे। उन्होंने हमें जिन शब्दों में आश्वासन दिया, वह कुछ इस प्रकार था, ''देखिए! क्लास में कुछ गड़बड़ी हुई, विद्यार्थी आपकी शिकायत करते हैं, तब आपको हम नहीं बचा सकते। कोई नहीं बचा सकता। क्लास में लड़के सन्तुष्ट हैं, तो आप शराब पीजिए, जितने अच्छे-बुरे शौक हैं, पूरे कीजिए। यूनिवर्सिटी आपका बाल-बाँका नहीं कर सकती। सड़क पर कुछ करेंगे तो उसकी जिम्मेदारी पुलिस की है, हमारी नहीं।''

हम दोनों मगन होकर लौटे।

अध्यापकी के साथ अभी भी नैतिकता जुड़ी है। हिन्दी के अध्यापक तो गुरुजी या शास्त्रीजी होते हैं। शास्त्रीजी और गुरुजी क्या करें, कलजुग में? मन में तो डरे रहते हैं, तब भी कभी-न-कभी कुछ करते हैं।

किरोड़ीमल कॉलेज में पहली फरवरी को या उसके आस-पास कॉलेज स्थापना दिवस होता है। समारोह हो रहा था। पीछे बंगलो रोड की तरफ ठीक गेट के पास दो छात्र खुलेआम, खुली सुहावनी धूप में शराब पी रहे थे। विश्वनाथ त्रिपाठी गुजरे। देखा। क्षोभ, भय से पसीना-पसीना। कितना पतन हो गया है! समाज कहाँ जा रहा है! क्या होगा इस देश का? रोकना चाहिए। मौलिक कर्तव्य है, लेकिन गाली खाओगे। पिट गए तो? शराब में धुत हैं लड़के। आँख बचाकर पान खाने चले गए। मुक्तिबोध पढ़ाते थे, 'हर वाणी में महाकाव्य पीड़ा है, हर छाती में आत्मा अधीरा है', चलो छुट्टी मिली। पान खाकर लौटे तो दोनों फिर भी अखाड़े में जमे थे। ताव आया, नैतिकता ने जोर मारा। मैं शहीदाना अन्दाज में बोला, "बेटे! बुरा मत मानना। यहाँ तुम्हें शराब नहीं पीनी चाहिए। तुम अभी बच्चे हो। तुम्हारा जीवन पड़ा है। देखो, मैं तुमसे यह सब हिम्मत बाँध के कह रहा हूँ। अब चाहो तो तुम मुझे गालियाँ दो, चाहे पीटो।"

दोनों पहलवान पैर छूकर बोले, "सर, माफ कीजिएगा। गलती हो गई है। आप तो ठीक समझा रहे हैं सर।" दोनों की जबान लड़खड़ा रही थी, लेकिन पीना उन्होंने बन्द कर दिया।

और अगर मैं पिट ही जाता, तो क्या होता? हाँ, छुरे से मार डाला जाता तो बुरा होता। अगर मैं रोब से डाँटकर अधिकारपूर्वक उन्हें दंडित करने की धमकी देता, तो वह भी हो सकता था। मुझे लगता है कि नैतिकता के साथ विनम्रता, यानी गांधीगीरी नैतिक भी है और व्यावहारिक भी है।

ऐसे भी छात्र रहे हैं, जो या तो अतिशय, यानी पाखंड से या स्वार्थवश सम्मान का प्रदर्शन करते हैं और ऐसे भी होते हैं, जो प्राय: अभद्र, हिंसक, गुंडे या शुद्ध स्वार्थी नहीं होते। स्वार्थ उनकी लगभग अनिवार्यता होती है और यह रास्ता वे बेबसी में ही चुनते हैं। ऐसे विद्यार्थियों की हरकतों को हम निरीह काइयाँपन कह सकते हैं। उनकी चेष्टाएँ लगभग 'कफन' के घीसू-माधव या अमरकान्त के रजुआ की तरह होती हैं। घीसू-माधव और रजुआ सिर्फ सामन्ती व्यवस्था के निरक्षर पात्र ही नहीं होते, वे पूँजीवादी महानगरीय या विश्वविद्यालयी वातावरण में भी होते हैं।

एक छात्र अत्यन्त श्रद्धावनत, खासी कद-काठी का, सक्रिय और उद्यमी था। थोड़ा-बहुत चिपकू भी। वह विभाग की एक परियोजना में काम भी कर चुका था।

उसके कई शोध-निर्देशक बदल गए। अन्ततोगत्वा वह एक ऐसे शोध-निर्देशक के पास भेजा गया, जो सचमुच उससे अच्छा काम कराना चाहता था। छात्र ने करीब

सौ पृष्ठों की लिखी हुई एक शोध-सामग्री निरीक्षण के लिए दी। शोध-सामग्री को जगह-जगह लाल पेंसिल से ठीक किया गया था। इसका मतलब यह था कि उसे पहले किसी निर्देशक ने या विद्वान ने देखा है और ठीक किया है। लिखित सामग्री इतनी अच्छी, सटीक और शोधपरक थी कि निर्देशक प्रभावित हुए बिना नहीं रह सका। उसने कहा, ''भाई, यह तो तुमने बहुत अच्छा लिखा है। यह तो सचमुच का शोध-कार्य है। इतनी सटीक, सुलिखित शोध-सामग्री अब तक मेरे देखने में कम आई है।''

छात्र बेहद प्रसन्न हुआ। चरण स्पर्श किए और कृतज्ञ भाव से विदा हुआ। निर्देशक ने उसे फिर पढ़ा, एक जगह विटीगिंस्टाइन का उद्धरण था। प्रभावित होने की मात्रा बढ़ गई। मन में थोड़ा सन्देह भी पैदा हुआ कि पता लगाया जाए कि शोध-छात्र ने विटीगिंस्टाइन पढ़ा भी है, उन्हें जानता भी है या कुछ गड़बड़झाला है? बाद में पता चला कि पूरी लिखित सामग्री में लगभग पचास पृष्ठ एक प्रसिद्ध लेखक की पुस्तक से ज्यों-के-त्यों उड़ा लिये गए हैं। यह मामला बहुत तूल न पकड़ता, अगर एक अनुपूरक नाट्य घटना न हो गई होती।

एक दिन लगभग छह बजे शाम को शोध-छात्र एक ऑटो रिक्शा में पीतल की एक परात, गेंदे की दो सघन लम्बी फूल-मालाएँ, नारिकेल, शॉल और कुछ अगरबत्तियाँ लिये हुए प्रकट हुए। पूरा परिवार आश्चर्यचकित। पूछा, ''मन्दिर जा रहे हो?''

उत्तर मिला, ''नहीं सर, मन्दिर जा नहीं रहा हूँ, मन्दिर आ रहा हूँ।''

पत्नी से पूछा, ''माताजी, जल कहाँ मिलेगा?''

परात में जल ले आए। निर्देशक को फूल-माला पहनाई। निर्देशक आतंकित हो उठा। प्रभावित तो पहले ही था, लेकिन जब उन्होंने दोनों चरणों को परात में रखने और उन्हें धोने का आग्रह किया, तो वह चीखकर खड़ा हो गया। विवश, और असहाय आक्रोश में भर चीखकर बोला, ''अगर तुमने यह सब किया, तो बहुत बुरा होगा। अपने माँ-बाप की कसम खाकर कहता हूँ कि मैं तुम्हारे काम में तुम्हारी कोई सहायता नहीं करूँगा और यह काम करा भी नहीं सकूँगा। भविष्य के लिए मेरे घर का द्वार तुम्हारे लिए बन्द हो जाएगा।''

अन्ततोगत्वा पाद-प्रक्षालन तो रह गया, लेकिन अगरबत्ती जलाई गई, प्रसाद बाँटा गया। लिखित सामग्री शोध-प्रबन्ध से हटा दी गई, लेकिन मौखिकी में शोध-निर्देशक की आवश्यकता नहीं रह गई।

यह एक हास्यापद घटना थी, प्रतीकात्मक भी, लेकिन इसे एक और तरह से देखें, तो यह घटना कितनी भयप्रद है? जैसे 'कफन' में घीसू का नशा व्यवस्था की निर्ममता से बचने और कहीं और भाग जाने की चेष्टा है, वैसे ही छात्र का यह नाटक और पाखंड, सारी हास्यास्पदता केवल शोध का अनादर नहीं है, बल्कि सच्चे रास्ते से निष्ठापूर्वक शोध-कार्य करने की विश्वसनीयता और व्यर्थता पर भी

टिप्पणी है। इस नाटक में शोध-छात्र और शोध-निर्देशक दोनों एक साथ बैठकर घीसू-माधव की तरह 'ठगिनी क्यों नैना झमकावै' भी गा सकते थे। ठगिनी की माया विश्वविद्यालयों में भी है और कबीरदास ने इसे पहचानकर कहा भी है, 'माया महाठगिनी हम जानी।' केवल यह कहा जा सकता है कि सत्संग और अन्य अनेक कारणों से अनेक लोग इस ठगिनी से बच भी जाते हैं। इस तरह का कार्य करते हुए, पाखंड रचते हुए, झूठी खुशामद करते हुए, इधर का उधर करते हुए बेरोजगारी से मारे छात्र-छात्राओं के मन पर क्या गुजरती है, वे अन्दर से कितने भयभीत रहते हैं, इसकी यातना भी अध्यापक ही सहते हैं। वे निन्दा-स्तुति से परे नहीं रहते, निन्दा-स्तुति में फँसते भी हैं, लेकिन इन बेरोजगार छात्र-छात्राओं की दारुण स्थिति के साक्षी और कभी-कभी सहभागी भी होते हैं। यह भी सच है कि कभी-कभी अध्यापक ही छात्रों की इस दारुण स्थिति के जिम्मेदार होते हैं। मैं छात्रों की बेबसी, यातना के बावजूद, भविष्य के प्रति उनकी आस्था, उनकी अविचलित संघर्षशीलता देखकर चकित भी होता हूँ और एक प्रकार के आध्यात्मिक आनन्द का अनुभव भी करता हूँ। अनेक बार हुआ है कि जिन छात्रों को मैं उपेक्षणीय, गैरजिम्मेदार या अविश्वसनीय समझता था, उनमें से अनेक मुझसे अधिक सन्तुलित, गम्भीर, चरित्रवान और विश्वसनीय ढंग से मिले। मुक्तिबोध पढ़ाते हुए, 'हर वाणी में महाकाव्य पीड़ा है, हर आत्मा अधीरा है, हर स्मित में विमला सदा नीरा है' का अर्थ मैंने अपने छात्रों के व्यक्तित्व में खोजा और पाया है। इसके साथ इस करुण और भयोत्पादक स्थिति के एक और पक्ष को भी प्रकट कर देना आवश्यक है। ऐसे भी कुछ छात्र रहे हैं, जिन्होंने नौकरी पाने के लिए कोई दाँव-पेंच नहीं किया। अधिकांश छात्र ऐसे ही होते हैं, लेकिन उनमें से मैं कुछ ऐसों को भी जानता हूँ, जिन्होंने इस मामले में इतने स्वाभिमान और दृढ़ता का परिचय दिया है कि वह वर्णनातीत है।

करीब तीस वर्ष पूर्व द्वारिका प्रसाद चारुमित्र एक दिन मेरे पास आए। अपनी विनम्रता से दबी हुई आवाज में बोले, "सर, आप अध्यक्ष से मेरी नौकरी की सिफारिश कर दीजिए। आप किसी के लिए किसी से कुछ कहते नहीं, आपके कहने से मेरा काम हो जाएगा।"

मैं बहुत परेशान हुआ। अजय तिवारी और द्वारिका मेरे प्रिय छात्रों में से थे। मैंने व्यथित होकर कहा, "द्वारिका, जाओ, एक घंटे बाद तुम फिर आना और अगर तुमने फिर यह बात मुझसे कही, तो मैं अध्यक्ष से कह दूँगा।"

द्वारिका आधे घंटे में ही लौट आए। आँखें छलछला रही थीं। बोले, "नहीं सर, आपको कहने की कोई जरूरत नहीं, आप मत कहिए।"

इन दिनों अनेक कारणों से दो छात्र नीरज और वेदप्रकाश मेरे बहुत निकट आए। मुख्य कारण सिर्फ यह था कि इन्होंने मेरे कहने पर डॉ. रामविलास शर्मा की

बहुत सेवा की। सर्दी में बस या साइकिल से विकासपुरी बारी-बारी जाते। सबेरे 6 बजे पहुँचकर फिर विश्वविद्यालय आते। ये अत्यन्त साधारण घरों के थे। नौकरी की इन्हें सख्त जरूरत थी।

नीरज ने कभी जबान नहीं खोली। वेद प्रकाश की शादी बचपन में ही हो गई थी। दो सन्तानें भी थीं। खुद उम्र तब 26 की रही होगी। एक दिन मुझे परेशान समझकर बोले, ''सर! आप हम लोगों की चिन्ता न करें। मेरा काम तीन-चार हजार रुपए महीने में चल जाएगा और इतना मैं कमा लूँगा।''

शिष्य विद्वान हों, यशस्वी हों, इससे अध्यापक का गौरव बढ़ता है, लेकिन वे ऐसे अपरिग्रही हों, तो उनका व्यक्तित्व ही उस सौन्दर्यबोध का प्रतीक बन जाता है, जिसकी हमें, हमारे दौर को प्रतीक्षा है।

[अगस्त, 2008]